阿彌陀佛
平安吉祥

A m i t ā b h a

阿彌陀佛護佑我們脫離恐懼憂惱，
使慈悲心、智慧增長、長壽安樂。
若能心存善念，誠心誦持阿彌陀佛名號，
多作善行，不僅可以讓我們運途順暢，
求福得福，一切善願皆能如意。

《守護佛菩薩》出版緣起

　　《法華經》中告訴我們，諸佛是因為一大事因緣，而出現在世間。這個大事因緣，就是諸佛幫助眾生開示悟入佛陀的知見，而臻至究竟圓滿成佛。

　　因此，諸佛出現在世間的主要因緣，就是要守護我們，讓我們能夠安住於生活中修持，最後能如同他們一樣圓滿成佛。

　　人類可以說是所有六道眾生中，造作行為的主體，因此人間的發展，也影響了天人、阿修羅、餓鬼、畜牲、地獄等其他類別眾生的因緣方向。所以，在佛法中的教化，雖然傳及法界眾生，但最主要還是以人間為中心。

　　因此，佛菩薩們雖然化身無量來度化眾生，但是守護人間還是根本的重點。佛菩薩們守護我們，當然是以法身慧命為主，讓我們能夠開啟智慧，具足大悲心，而圓滿成佛。

　　在修行成佛的過程中，佛菩薩們總是扮演著如同師父、師母、師長的角色，來守護、教導我們，甚至會如同兄弟姐妹一般，隨身提攜。讓我們不只在遇到災患憂難的時候，能息除災難、增加福德，進而更生起吉祥的喜樂；並且當我們一時忘失修行正法菩提、遠離善友時，也能時時回正守護著

我們，讓我們能遠離眾惡邪侵，體悟隨順正法，而趣向無上菩提。

其實不管我們生活在任何時間、任何處所，佛菩薩們都永遠的護念著我們、守護著我們，沒有一時一刻忘失我們這些宇宙的浪子。因為守護著人間、守護著我們，正是佛菩薩的大悲心懷，所自然流出的本願。

許多修行人時常提倡要憶念諸佛、修持念佛法門，這實在是最有功德及效能的法門之一。但是如果就真實的現象看來，其實諸佛菩薩是永遠不忘失的憶念著我們，而我們卻時常忘記念佛。所以恐怕我們念佛遠不如佛念我們吧！

所以，當仔細思惟佛菩薩的願力、慈悲、智慧、福德時，才憶想起我們是多麼幸福，受到那麼多的祝福與護佑。如果能理解到這樣的事實，必然發覺到有無數的佛菩薩，正準備幫助我們脫離苦難而得致喜樂、消除災害增生福德，並能夠修行正法，具足慈悲、智慧而成就無上菩提。

世間的一切是依因緣而成就，而在法界無數的佛菩薩中，有些是特別與人間有緣的。因此，為了彰顯諸佛菩薩大悲智慧的勝德，也讓大眾能思惟憶念這些與人間有緣的佛菩薩，而感應道交，得到他們的守護。

因此，選擇了一系列與人間特別有緣，並具有各種特德，能濟助人間眾生離災、離苦、增福、增慧的佛菩薩，編纂成《守護佛菩薩》系列，讓大眾不只深刻的學習這些佛菩

薩的法門，並更容易的受到他們的吉祥守護。

　　願祈願《守護佛菩薩》系列的編纂，能幫助所有的人，能快樂、吉祥的受到這些佛菩薩的守護。而二十一世紀的人間也能快速的淨化，成為人間淨土，一切的眾生也能夠如願的圓滿成佛。

阿彌陀佛——序

阿彌陀佛梵名為 Amita-buddha，或是 Amitābha 或 Amitā-yus，代表著無量光明、無量壽命，所以又名為無量光佛或無量壽佛。如《佛說阿彌陀經》中說：「阿彌陀佛光明最尊、第一、無比，諸佛光明所不及也。……諸佛光明中之極明也……諸佛中之王也。」

阿彌陀佛是西方極樂世界的教主，他以觀世音菩薩與大勢至菩薩為脅侍，在極樂淨土實踐教化眾生、接引有情的偉大悲願。

由於阿彌陀佛的弘大誓願，並且與我們人類世界有著最深刻的因緣。因此任何人只要具足信願行，一心生信，如法念佛，一定能得到阿彌陀佛的接引，而往生真善美聖的極樂蓮邦。

極樂世界又稱為安養世界，顧名思義，是全宇宙法界中最為喜樂的世界，是法界中最深切快樂的泉源，當然這種快樂是來自體悟正法之後，所生起的法樂——純然的喜樂。沒有任何染著，也不會造成任何生命的負擔，所以稱為極樂世界。

任何人只要來到極樂世界，就已經完全沒有煩惱與苦難，有的只是最究竟的喜樂。

不僅如此，極樂世界可以說是一個快樂修學佛法的宇宙學園，有著最究竟進步的佛法教學體系。因此不管是眼睛所見，耳朵所聽聞的，都是幫助我們念佛、念法、念僧，修行的圓滿設備。

極樂世界可以說是十方無量無數的諸佛淨土中，示現最莊嚴、最殊勝微妙的淨土世界，也是一切眾生心所嚮往，最光明的樂土。

當我們每日注視著西方的落日，就彷彿在阿彌陀佛光明注照下，感受著阿彌陀佛廣大的悲願、深切的慈心與永恆的關懷。

這時我們的心中，是否深切的希望以最真誠、最深切的心意，來向阿彌陀佛致敬，彰顯阿彌陀佛的偉大功德？

在本書中，我們用充滿了感動與感恩的心意，在阿彌陀佛慈光導引加持下，編輯此書供養阿彌陀佛。尤其是以最赤誠的心意，皈命於阿彌陀佛，也祈望與讀者共同往生最圓滿清淨的極樂世界，並在偉大光明的阿彌陀佛蓮足下，向他稽首致敬。

本書首先開展出阿彌陀佛的前生——法藏比丘的因緣，並且以阿彌陀佛的過去生之一——無諍念王的事蹟，開始描繪阿彌陀佛與極樂淨土，讓讀者更能掌握阿彌陀佛的大智、大悲，及往生極樂世界的線索。更藉由極樂世界清淨莊嚴的景象，使大家進入阿彌陀佛從過去、現在乃至未來的無上菩

提心中。

在書中更依據相關經典，將阿彌陀佛的修行及度世偉業，編成相關的時空因緣年表。

在本書的第二部分，說明了祈請阿彌陀佛守護的方法，希望讀者在赤誠的修持中，與阿彌陀佛相應，並接受阿彌陀佛的永恆佑護，進入極樂世界的莊嚴殿堂。除此之外，還精選了有關阿彌陀佛的重要經典，希望讓讀者更深入於阿彌陀佛的世界中。

祈望本書能讓所有的讀者，得到阿彌陀佛如意的守護，現生吉祥安樂，未來能往生極樂淨土，並得證如同阿彌陀佛一般的壽命無量、光量明量，而圓滿成佛。

最後以一首詩獻給阿彌陀佛，並祈願阿彌陀佛加持我們，不只現世吉祥安樂，能夠往生極樂淨土，並且能具足如同阿彌陀佛的大悲、大智、大願，而將我們的苦濁娑婆世界，乃至法界中的一切國土，都圓滿成為極樂的國土。

再給我一次智慧

讓我用您的眼睛

注視著這個世界

再給我一次慈悲

讓我用行動

參與著所有心扉

合掌向您祈求

淨賜無量的光明

讓我的心無量壽命

將極樂成為所有的世界

願我們一起合掌恭念

南無　阿彌陀佛

　　普願法界的眾生，吉祥安康，具力往生極樂世界淨土，最後終能成爲如同阿彌陀佛一般的無量光佛、無量壽佛。

目錄

第一部

平安吉祥
阿彌佛陀

極樂世界完全沒有煩惱與
苦難，只有究竟純然的喜
樂。

Amitābha
阿彌陀佛

➡️ 過去無量、無數
、不可稱計、不
可思議的時劫之
前
§吉義如來，是阿彌陀佛
的過去生為頞真無王
時，出世的如來，為德
光太子的老師

西方極樂世界的教主——阿彌陀佛

第一章　壽命無量的阿彌陀佛

無量壽命的阿彌陀佛，其光明無量，能護佑我們圓滿壽命無量、光明無量，增長福德智慧，直至圓滿成佛。

在佛教宇宙觀中，除了我們所生存的娑婆世界外，在宇宙中仍然遍佈著許許多多的世界，在東、南、西、北、東南、東北、西南、西北、上、下等十個方位，在過去、未來、現在的時間中，每個時間、每個方位都有著不同的世界，而每個世界都有不同的佛陀在宣說著佛法。

在眾多的佛陀中，除了我們認識的以肉身成佛的釋迦牟尼佛外，最有名的可以算是西方極樂世界的阿彌陀佛。

阿彌陀佛的梵名是 Amita-buddha，或作 Amitābha 或 Amitāyus，意譯為無量光或無量壽佛，乃是西方極樂世界的教主。

在大乘佛教中，阿彌陀佛佔有極重要的地位，他以觀世音、大勢至兩大菩薩為脇侍，在西方極樂世界中，實踐其教化眾生、接引有情的偉大悲願。

依據唐僧鎧所譯《佛說無量壽經》記載，在過去久遠不可思議無央數劫之前，有一位轉輪聖王名為世饒王，當他聽聞了世自在王佛所說的佛法，就從當時的轉輪聖王捨棄王

Amitābha
阿彌陀佛

▶ 無數個宇宙再生
的時劫之前
§ 師子遊戲金光如來是無
量功德寶莊嚴普現妙樂
世界的如來，阿彌陀佛
的過去生──勝威王及
寶嚴、寶上童子的老師

■ 為轉輪聖王的世饒王捨棄王位，出家修行改名為法藏比丘

轉輪聖王是佛教政治理想中的統治者。意譯又作轉輪王、輪王或飛行皇帝。依佛典所載，轉輪聖王係指成就七寶，具足四德（長壽不大、身強無意、顏貌端正、寶藏盈滿），且在其統治下，國土豐饒、人民安樂，以正法治世的大帝王。相傳輪王出現的時候，世間也同時會有七寶出現。

相傳轉輪聖王出現時，世間也會有七寶出現

位，發心出家修行，改名爲法藏比丘。

　　法藏比丘發起了菩提大願，修習菩薩道而成佛，他的根本大願，就是希望在十方世界佛土中，建立一個最殊勝、最莊嚴、最清淨、勝妙快樂的國土。讓所有來到此淨土世界的眾生，能夠享受安祥和樂的生活。

　　法藏比丘經過了五劫思維，又根據了世自在王佛爲他所宣說了二百一十億個諸佛妙土，選擇這些佛土的勝妙之處，構築了自己的淨土藍圖。

　　法藏比丘經過無數劫修學六波羅蜜，終於圓滿成佛，稱爲阿彌陀佛，而他的佛國也建立起來了，名爲極樂世界。

　　極樂世界顧名思義是一個極爲快樂之處，絲毫沒有我們所生存世界的苦惱。他位於娑婆世界的西方，國土是由七寶（金、銀、琉璃、珊瑚、琥珀、硨磲、瑪瑙）所構成，沒有山、海、江河，平平坦坦的。

　　極樂世界遍滿了七寶所成的欄杆、羅網和樹木，彼此光芒相互映攝，眞是光彩奪目。

　　淨土中亦有許多以七寶所成的水池，池中充滿著純淨、清涼、柔軟的八功德水，更奇妙的是水溫、水位都可以隨著我們所喜樂的方式而變化。

　　池上還有許多長著像車輪的那般大的蓮花，不同顏色的蓮花放射出青色、黃色、白色、紅色、紫色……等無量的光芒，光色互相映攝，香氣撲人。

Amitābha

阿彌陀佛

過去無量無邊不可思議的阿僧祇時劫之前

§ 大通智勝佛有十六位王子，其中之一則是阿彌陀佛的過去生之一，他們所安住的國土為好成國，其佛壽共有五百四十萬億那由他的時劫

極樂淨土沒有娑婆世界的一切苦惱，是一個極為快樂的世界

　　淨土中許多的亭台樓閣，也都是以七種寶石來莊嚴，光明晃耀，華麗無比。

　　不僅如此，極樂世界裡有許多珍奇可愛的鳥，如白鶴、孔雀、鸚鵡、舍利、迦陵頻伽鳥和共命之鳥等各種不同的鳥兒，整天不斷地唱出悅耳動聽的雅音。其內容都是佛陀的教理，眾生聽了便會想到佛陀、佛法和賢聖僧眾。

　　此外，每當輕柔溫和的微風吹來時，寶樹及寶網都會演出無量微妙的法音，流播著萬種溫雅德香，令人神清氣爽，使所有的塵勞垢染都自然去除。

　　住在淨土的居民，他們的壽命都和阿彌陀佛一樣，其長相也沒有美醜的差別，都具足三十二相好，全身都是金色。不過在此的居民全都是男士（單性），凡是一輩子信仰阿彌陀佛的女性，投胎轉生極樂世界即轉為男性（單性）。

　　他們的衣食無缺，如果仍然保有飲食習慣可以隨著自己的心意，而吃到百味的珍妙飲食，大家和樂相處毫無苦惱，一起在淨土跟隨阿彌陀佛修行。

　　每天清晨，他們各用衣服的邊端捧著天上掉下來的鮮花，之後送往其他十萬億佛土去供養佛陀。直到飲食時刻，才回到極樂世界。

　　飯後，就在花園、池邊散步，聆聽美妙的樂聲，欣賞四周的風景。過著無憂無慮、快樂健康的生活。

　　阿彌陀佛的極樂世界是如此的快樂美好，我們要如何才

Amitābha
阿彌陀佛

➡️ 燃燈佛滅度後百
　　千俱眠劫
§ 髻幢如來在光慧國土示
　　現成佛，當時阿彌陀佛
　　的過去生之一：福上王
　　為其國土中的轉輪勝王

一心稱念「南無阿彌陀佛」，臨終時將得往生極樂世界

能前往極樂世界呢？佛經上說：如果有人真心想到極樂世界，平常專心一意不斷地稱念「南無阿彌陀佛」（皈命禮敬阿彌陀佛），等到人間的壽命快結束時，阿彌陀佛和極樂世界的菩薩，便會顯現在他面前，將他接引到西方極樂世界。

Amitābha

阿彌陀佛

➡ 善行路劫

§ 山上如來是於善行路劫
成道的如來，而明相菩
薩是阿彌陀佛過去世之
一，他是山上如來滅度
後誕生的發心菩薩

於世自在王如來的面前，世饒王發下殊勝的誓願，成為法藏比丘

第二章　阿彌陀佛過去的 菩薩大行

　　法藏比丘經過五劫的思維，攝取二百一十億清淨莊嚴佛土，發起殊勝弘大的四十八大願，終於圓滿成佛稱為阿彌陀佛。

01 阿彌陀佛的前生─殊勝行願的法藏比丘

　　從此西去十萬億佛土的極樂世界，將成為法界無盡眾生的究竟安居之處，無量壽命的阿彌陀佛，必將以究竟的慈光，注照著我們，讓我們離苦得樂，讓我們發起無上的菩提心，與他一樣成為無量光明、無量壽命的阿彌陀佛。

　　往昔，在久遠無量無數的阿僧祇劫前，當世自在王如來出現於世時，有一位國王名為世饒王，由於他曾聽聞佛陀說法，心中法喜充滿，於是發起無上正覺的道心，捨棄王位而出家修行，他的名號為法藏比丘。

　　法藏比丘發起了殊勝的行願，正確心念智慧的力量也相續的增上，他的心堅固不動於無上佛道，具足殊勝的福德智

Amitābha
阿彌陀佛

➤ **善持路劫**

§ 寶藏如來授記無諍念王
　（阿彌陀佛過去生之
　一，當時為轉輪聖
　王），其世界為刪提嵐
　世界

■ 法藏比丘的身香功德

　　《佛說大阿彌陀經》卷上：「佛言法藏比丘行菩薩行時，容體端嚴，三十二相八十種好悉皆具足，口中常出栴檀之香，身諸毛孔優缽羅華香。其香普熏無量無邊不可思議那由他句，眾生聞此香者，皆發無上菩提之心。」

五劫思惟構劃淨土的阿彌陀佛

慧，而且他的相貌長得十分的端正莊嚴。

　　偉大的因緣時節終於到來了，法藏比丘前往世自在王如來的法堂，他為了表示對世自在王如來的尊敬，恭敬頂禮佛足之後，就悅意誠摯地雙手合掌，以清淨的梵音讚頌佛陀偉大的德性。

　　接著法藏比丘恭敬地向佛陀說：「世尊！我現在發起無上正覺的大菩提心，希望如來能為我廣為宣說殊勝微妙的經法，使我能在世間成證無上廣大的菩提，具足修行、攝持所有清淨莊嚴佛土世界的力量，並疾速成就無上正等正覺，拔除一切無明煩惱、生死輪迴大海的根本。」

　　然而佛陀卻對法藏比丘說：「依你的修行境界，你自己應當清楚了知，自己如何攝持莊嚴的佛國淨土。」

　　「世尊！這個境界太過弘深廣大了，並不是我的能力所能攝受，祈請如來為我宣說諸佛淨土的清淨莊嚴盛況，讓我等聽聞之後，能發起誓願、圓滿成就，如您所說來修行。」

　　之後，法藏比丘經過了五劫思惟，一心地構劃著未來佛國的藍圖，在攝取超過二百一十億佛剎的莊嚴清淨後，已有了很清楚的發願內容，於是帶著無比的信心，來到世自在王如來的法堂。

　　此時，佛陀觀察法藏比丘的因緣也已經成熟，即以無比的如意神通，揭開法界的實相，此刻無數微妙莊嚴的諸佛國土，就像明鏡相照一般，完全浮現出來。

阿彌陀佛

久遠世前

§當時德華王是阿彌陀佛
過去生之一，當他聽聞
無量精進如來宣說了諸
法本三昧，豁然超越八
十劫的生死業障災難

■ 六種震動

地震動的六種相，《大品般若經》載，依地劫的方向，舉出東涌西沒、西涌東沒、南涌北沒、北涌南沒、邊涌中沒、中涌邊末等六相。《新華嚴經》中則指出動、起、涌、震、吼、擊（搖）等。依佛典記載，當釋迦牟尼佛誕生、成道、說法或如來出現時，大地皆有六種震動。

■ 法藏比丘經過五劫的思維，這一個時劫有多長呢

「劫」是古代印度的時間單位，代表著十分長遠的時間。佛教對於時間的觀念，以劫為基礎，來說明世界生成與毀滅的過程。在佛教經典中常用一些譬喻，來表示劫的時間長度。

如經典《大藏法數》中列舉草木、沙細、芥子、碎塵、拂石等五種譬喻，其中芥子與拂石最為常見。

如果用芥子劫，這則譬喻我們假定有一座立方體的城市，每邊長有一由旬（四十里），城裡裝滿芥子粒，諸天每三年至此取出一粒，等到所有芥子都拿光了，是為一劫。

再看磐石劫的譬喻，假定有一個堅硬的立方體大石頭，每邊長有一由旬，每年一次以天衣拂一次，直到磐石磨滅或消滅的時間，是為一劫。

又，上述的劫有大、中、小三種。大劫城（如磐石）為周圍一百二十里，中劫八十里，小劫四十里。此外，若將三千大千世界之大地草木化為微塵，每百年捨去一塵，一直至完全捨盡為止，此一期間謂之「大地微塵劫」。

世自在王佛為法藏比丘抉擇廣說了二百一十億個諸佛刹土的境界，為他解開其中天人的善惡、國土的粗糙、微妙等境界，而相應於法藏比丘的心願，也都完全示現出來。

這時，法藏比丘現觀佛陀所解說的莊嚴清淨國土後，心中自然發起無上殊勝的大願。此時他的內心十分的寂靜，無所執著地宣說出殊勝弘大的四十八誓願。

法藏比丘宣說言大願之後，大地也隨著普生六種震動的吉祥瑞應，天雨妙華散於其上，空中的音聲自然地讚嘆說：「決定必成無上正覺！」

於是，法藏比丘具足修行，圓滿了他所發起的大願，真實誠諦不虛，超出一切世間之上，深樂於寂滅的妙法境界之中。如實安住於種種的功德，一心專志地莊嚴廣大清淨的妙土。

他所修習的佛國，不只開闊廣大、超勝獨妙，而且國土的建構常久不壞，完全沒有衰變毀壞的情形產生。

法藏比丘不斷的提醒自己：「生命惟有佛法才能莊嚴，菩薩只有成就無上菩提大道才是惟一的心願，千萬不要忘記在世自在王佛前所發的誓願啊！」

此外，他更深憶著佛陀溫和的訓示：「善男子！你應當以無量的大願，來濟助一切的眾生，隨時安住於空、無相、無願等三解脫門的妙法，心中沒有造作，也沒有妄想生起，觀察一切萬法如幻如化。遠離粗鄙狂妄的言詞，修習樂善的

Amitābha
阿彌陀佛

➡ 愛見時劫

§辯嚴雷音吼如來是無垢
世界的如來，其淨土為
無邊功德莊嚴佛土，為
無量功德法師的老師，
而阿彌陀佛過去生之一
：淨福報眾喜王子，隨
學無量功德法師所傳的
了諸法本三昧

■ 如意神通

天眼通：指自在照見世間一切遠近的形色，及六道眾生苦樂的景象

天耳通：能夠自在聽聞世間種種音聲，以及六道眾生苦樂的言語。

他心通：指能夠自在了知六道眾生心中所想的事情。

宿命通：能了知自身一世、二世，乃至百千萬世的宿命，亦能得知六道眾生的宿命。

神足通：指能夠隨自己心意，任意變現，身體可以飛行於山海，一切動作皆無障礙。

法藏比丘終於圓滿成佛稱為阿彌陀佛

言語，不可憍慢，並且自利利人，使他人與自我都兼得利益。」

　　法藏比丘從發起勝願，經歷無量數劫修學六波羅蜜，終於圓滿成佛，稱為阿彌陀佛。

Amitābha
阿彌陀佛

➡ 久遠不可計量時
劫之前

§ 淨命比丘為阿彌陀佛的
過去生之一，是離垢燄
成就功稱如來的弟子，
在如來滅度後宣揚佛法

■ 阿彌陀佛過去生之一無諍念王的因緣——人物關係表

時間：善持時劫　　所在世界：刪提嵐世界　　重要城市：安周羅城

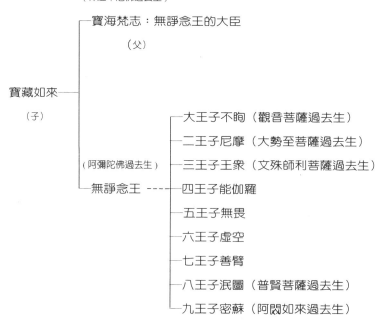

（釋迦牟尼佛過去生）

寶海梵志：無諍念王的大臣

（父）

寶藏如來

（子）

（阿彌陀佛過去生）

無諍念王

- 大王子不眴（觀音菩薩過去生）
- 二王子尼摩（大勢至菩薩過去生）
- 三王子王眾（文殊師利菩薩過去生）
- 四王子能伽羅
- 五王子無畏
- 六王子虛空
- 七王子善臂
- 八王子泯圖（普賢菩薩過去生）
- 九王子密蘇（阿閦如來過去生）

02 阿彌陀佛的過去生——無諍念王

往昔超過恒河沙等的阿僧祇劫前，那時代稱做善持時劫，所生存的世界名為刪提嵐世界。

當時統治天下的轉輪聖王，是有著無邊廣大威力的無諍念王，無諍念王有一位極具才華的大臣名為寶海，他的家學淵博，他屬於婆羅門梵志的種性，因此有善巧占相、了知命運的因緣。

就在一個吉祥的日子裏，寶海夫人生下了一位具有三十二吉祥妙相的男孩，他是如此的莊嚴可愛。只要任何人觀察他的妙相，就情不自禁地被其妙相所吸引，目不暫捨、永不厭倦地注視著這男孩。

當這孩子出生的時候，百千位的諸天大眾都前來供養，因此他的父親寶海，就為他命名為寶藏。

寶藏長大之後，剃除鬚髮身著法服出家，而且成就無上正等正覺，成為了佛陀，他的名號為寶藏如來。

寶藏如來成佛之後，就大轉法輪，使百千億無量那由他（百萬）的眾生成就善道，得生人間、天上或是得到解脫。

寶藏如來利益諸天人以及無量的眾生之後，百千億那由他的聲聞大眾恭敬圍繞著他，然後次第遊行刪提嵐國的城邑聚落，繼續教化著眾生。

Amitābha
阿彌陀佛

➡ **過去久遠世前**

§ 在燄棄世界，辯積菩薩
（阿閦如來過去生）是
光世音如來時的菩薩，
而月施王（阿彌陀佛過
去生）則是供養辯積菩
薩的國王

■ 供養

　　意指將食物、衣服等供予佛法僧三寶、師長、父母、亡者等。供養
最初是以身體行為為主，後來也包含純粹的精神供養，所以有身分供養
（身體行為供養）、心分供養（精神供養）的分別。

　　初期佛教教團所受的供養以衣服、飲食、臥具、湯藥為主，稱為四
事供養。而施予佛、塔廟、佛像、教法、比丘（尼）、僧團的房舍與土
地為僧團經濟的重要來源。

　　一般所行的供養除財供養外，尚有法供養，亦即以恭敬、讚歎、禮
拜供養等精神的崇敬態度，或是指善於聽聞大乘正法，生起菩提心而廣
作自利與利他的二利事業，皆可稱為法供養。

無諍念王對寶藏如來的供養

　　一天，寶藏如來回到自己母國，他來到了安周羅城，這是無諍念王所統治的國都所在。

　　離開大城不遠的地方，有一座閻浮園林，寶藏如來與無數的聲聞大眾，選擇在此園林安頓下來。

　　此時，無諍念王聽說寶藏佛來到安周羅城，心中十分地歡喜。他運用了轉輪聖王所特別具有的威神力，朝閻浮園林而去。

　　為了顯示無諍念王對寶藏如來的尊敬，當他來到閻浮園林就如法的下了車乘，安步地走到佛陀的面前，以最無上的禮敬，向佛陀五體投地頭面禮足，然後右繞佛陀三匝，向寶藏如來致敬之後，安坐在一旁。

　　這時，寶藏如來身上閃耀著微妙的祥光，莊嚴自在的安坐著。無諍念王滿心歡喜，合掌向佛陀請問法要。佛陀也就隨宜用種種的方便譬喻，來教化無諍念王。

　　轉輪聖王心中歡喜踴躍無以復加，便向佛陀祈求三個月的供養。

　　轉輪聖王回城後，開始籌備迎接供養佛陀的事宜，並告訴親領轄地之內的一切諸候、小王、大臣、人民，還有眷屬們說：應當好好思惟在這十分殊勝難得的因緣中，要如何供養偉大的寶藏如來及聖者。

　　所有的臣民們聽了都十分的歡喜讚嘆這因緣的希有，於

Amitābha

阿彌陀佛

過去無量無數、
廣大高遠無量劫
之前
§不思議功德寶吉祥王子
（阿彌陀佛過去生之
一），隨侍於寶吉祥威
光王劫如來，修學出生
無邊門陀羅尼法要。

■ 二種供養

　　供養佛菩薩的二種方法。

　　⑴《十住毘婆沙論》載：二種供養為事供養與理供養，即以香花、燈明、飲食等物質供養，為事供養。以信心等之精神供養，為理供養。

　　⑵《大日經供養法疏》載：二種供養為財供養與法供養，即以香花、珍寶等財物供養，為財供養。以修菩薩行，利益眾生等供養，為法供養。

無諍念王非常虔敬地向寶藏如來請教佛法，心中充滿法喜

是趕快各自回去準備供養的物品。

轉輪王的主寶大臣受命開始籌備供養事宜，首先以純金鋪滿整個閻浮園林的大地，並在這萬金大地上，建構一座七寶的樓閣。並且豎立起七寶行樹，在這些平列的寶樹上面，懸掛著柔細的寶衣、瓔珞。又以各種光彩的珍珠，細織成微妙殊好的寶蓋，其上並間雜著各種寶器來做為莊嚴校飾，上面還覆蓋著七寶的妙蓋。

另外還準備著各種妙香、妙寶、鮮花、珍果來襯托這些寶樹，沿路撒著種種的妙花，並用各類的毛錦、絲布來舖設床塵，其上還懸掛了各種絲綢的彩幡。

而轉輪聖王所特有的金輪，特別懸掛在樓觀前的虛空當中。此外，無諍念王還命令他的輪王七寶中的白象寶，跟隨於如來身後，以象鼻持著七寶樹服侍佛陀。

無諍念王再命令容貌姣好、微妙第一的玉女寶，用牛頭旃檀香、黑沉水香等名香散於佛陀身上，並以珍貴的摩尼寶珠供奉在佛前。摩尼寶珠與金輪大放光明，這兩種光明微妙地相互交映，恆常不斷的普照明空，遍滿整座閻浮林園，使得林中的白天與夜晚都通澈明亮，充滿著無邊的光輝。

無諍念王又用牛頭旃檀，為每一位聲聞僧眾製作床舖與床頭几；並且在每一位僧眾的法座之後，都安置了白寶象持著七寶樹，現起莊嚴種種。同樣的每一座前，都有玉女寶用牛頭旃檀及黑沉水香來做為供養，及放著摩尼寶珠。

Amitābha
阿彌陀佛

➤ 過去阿僧祇無數
大劫之前
§自在王如來是法藏比丘
（阿彌陀佛的前生）的
老師，他為法藏比丘廣
說二百一十億佛土境界

■ 三種供養

《普賢行願品疏》所舉三種供養法。即：

⑴財供養，以世間財寶及種種上妙諸供養具供養諸佛菩薩。

⑵法供養，依佛所說教法，修於衆行，乃至不捨菩薩衆，不離菩提心，即是以法供養諸佛菩薩。

⑶觀行供養，即指能依中道妙觀，觀於一念之心，具足三諦之法，無有缺減，衆生、諸佛平等不二，煩惱生死即是菩提涅槃，念念觀之，即是供養佛菩薩。

■ 四事供養

四事供養是指供給資養佛、僧等日常生活所需的四種事物。四事，指衣服、飲食、臥具、醫藥，或指衣服、飲食、湯藥、房舍等。

據《無量壽經》卷下記載，須經常以四事來供養一切諸佛。又據《盂蘭盆經疏》記載，每年於僧自恣日（結夏安居修行結束後的翌日），以四事供養佛、法、僧三寶。

美妙悅耳的樂音，常常遍滿整座的園林；而在林外的四週，則有無諍念王的主兵寶，周匝圍繞地守護。

清晨飄渺的雲霧點綴著園林彷若仙境一般，此時無諍念王的車乘，撕破了絲帛般的雲氣，出城來到了寶藏如來的道場。

他依舊如禮地步行來到佛前，一心誠信的向佛陀頭面禮足頂禮，並右繞三匝，以為禮敬。

接著他用淨水洗淨自己的身體，然後雙手捧著上妙的飲食妙供，供養寶藏如來及僧眾。當佛陀與大眾飲食完畢之後，放置下飲食用的缽具，清潔漱口後安於法座。

這時候無諍念王便恭敬而親切的拿著寶扇，為如來搧涼。這時，無諍念王的千子及八萬四千位小王，也都一一趕來發心供養如來聖眾，而且都如同轉輪聖王一般供養著佛陀世尊。

每當飯食完畢之後，就有無量的眾生，陸續來到了閻浮園林中，準備聽聞攝受修持正法。

而諸天們也運用他們無量的功德力，自在的迴旋繞轉著，還化現出天衣、瓔珞及種種寶蓋，以蔭涼佛陀並為聖眾遮陽。園林的上空一片彩光，互擁著無盡光明。

忽然之間，又出現了四萬名身著青衣的夜叉眾。他們在旃檀林中，取來殊妙的牛頭旃檀，為佛陀焚燃名香，清妙無染的香味立刻充滿了整座的園林。

Amitābha

阿彌陀佛

➡️ 賢劫第四佛釋迦
牟尼佛時（約公
元 5 世紀）

§ 釋迦牟尼佛於王舍城靈
鷲山上，導引推介極樂
世界

§ 釋尊介紹極樂世界的菩
薩及聲聞聖衆的功德，
最後咐囑彌勒菩薩，廣
大弘揚阿彌陀佛淨土法

■ 供養明燈的功德

在佛塔、佛像、經卷前燃燈供養，能獲大功德，於諸經典中的例子甚多。如《施燈功德經》中記載，信仰佛法僧，布施少許燈明，其所得的福報無限。

又謂佛陀入滅後，以燈明布施塔寺，於此世可得三種淨心：命終時，由於善心不失，可得三種智慧，死後則可生於三十三天。

《賢愚經》中記載：有一貧女以至誠之心所獻供的一盞明燈，永遠不滅盡，而王者所獻供的諸燈則已滅盡；此即所謂「貧者一燈，長者萬燈」，乃強調誠心的重要。

所以，虔敬供燈，可以獲致以下無數功德：開啓智慧，破除愚痴昏闇，得大福報，臨終時不失念，無有怖畏，得大光明。

無諍念王以各種上妙的寶物、明燈、妙香、鮮花、珍果等供養寶藏如來

　　當夜晚來臨時，整座的林園點亮了許許多多的明燈。由於無諍念王發願成為燈主，他點燃了代表心意傳承的無盡燈明。他更在自己的頭上點燃一盞燈，兩肩上荷著二燈，左右兩手各拿著四燈，兩膝上又各自安置著一燈，兩足的足背上也各自放置一燈。他的身上一共放置著十一盞明燈，至誠的供養如來。

　　此時的無諍念王在寶藏如來威神力的加持之下，雖然整個身心非常勞累，卻一點都沒有勞累的感覺。

　　無諍念王做了種種上妙珍品的施供之後，就向佛陀祈請道：「世尊，我的國家尚有許多的紛擾之事，我所做的種種施供，仍有過失不圓滿，現在謹向您懺悔。但是我還是一心祈請佛陀能長久住在這座園林，並且允許我能時常往來林中，讓我得以向佛陀禮拜、圍繞、恭敬、供養、尊重、讚嘆並訊問法要。」

　　這時大王的王子們，也都希望佛陀能夠讓他們分別供養三個月，此時佛陀也默然許可了。

　　國王千子當中，大王子名為不眴，他發心以三個月期間來供養寶藏如來以及比丘僧眾，他如同轉輪聖王一般，細心的供養一切，務必使佛陀歡喜。

　　在三個月供養之後，不眴王子將俱全的寶物奉獻給佛陀及比丘僧，但是，心中還是十分慚愧地向佛陀懺悔自己的供養不夠圓滿。

Amitābha
阿彌陀佛

➡️ 公元前 526

§ 釋迦牟尼佛在迦毘羅衛
國為淨飯王（釋尊的父
親）開示念佛法門

§ 釋迦牟尼佛在王舍城竹
林精舍，為賢護長者宣
說般舟三昧

■ 發願

　　即是發起誓願之意。總指發起求得佛果的菩提之心（菩提心）；另
外亦指完成清淨國土，救濟眾生之心願（即誓願）。所以菩薩所發的
願，有總願、別願、淨土成佛願、穢土成佛願等，種類甚多。

　　於淨土宗，誓願往生淨土者發遣自己修善，此發願往生的心，稱為
迴向發願心。

　　唐代善導於《觀經疏》〈玄義分〉解釋六字名號（南無阿彌陀
佛），稱「南無」有發願迴向之意。親鸞謂此乃阿彌陀佛發救度眾生之
願，而為眾生得救之因；或解作遵行釋迦、彌陀二尊的發遣招喚，而欲
生於淨土之心。

　　又願心大體可分為二：⑴發求菩提之願，⑵發度化有情之願。又四
弘誓願、十大願皆屬於發願。

這時聖王以及他的千子，也都各以三個月的時間，如實的供養佛陀，如此二百五十年之後，也都各自向佛陀及比丘僧眾懺悔所有不圓滿之處。

寶海梵志的夢境

就在這同時，在天下各地勸服眾生發起菩提心後的寶海梵志，回到了閻浮林中。他走到了寶藏如來的面前，向佛陀祈請道：「佛陀，希望如來以及比丘僧眾，能夠在七年當中都接受我供養衣服、飲食、臥具、醫藥等。」這時如來也默然許可，接受了寶海梵志的祈請。

於是寶海梵志就歡喜的供養如來以及比丘僧所需的物品，也如同無諍念王供養寶藏如來一般。

此時，寶海梵志心想著自己已經勸發無數的眾生，發起無上正等正覺的菩提心，但是不知道無諍念王及王子們的發心如何？有什麼祈願？是希望成為人王、天王？或是聲聞、緣覺二乘？還是求證無上正等正覺的佛果呢？

假如是他自己的發願，當然是希望來世，必當成就無上正等正覺的佛果，能夠救度一切眾生遠離生死輪迴大海，得到滅度涅槃的成就。由於他的發心如此，他的祈願必定能夠成就圓滿！

接著寶海梵志又想到自己的未來已經十分清楚了，但是為了要了知大王及太子們的發心因緣，希望能在夢中有所啟示。

Amitābha
阿彌陀佛

➡️ 公元前 525

§ 韋提希王后（頻毘沙羅
　王夫人）厭棄娑婆世
　界，祈求釋迦牟尼佛宣
　說淨土法門，《無量壽
　經》因此而宣說

在寶海梵志的夢境中，十方世界的如來都賜予他殊妙的蓮花

於是寶海梵志一心祈請能在夢中獲得啟示。果然在夢中忽然見到光明，光明普照著十方世界，使得寶海梵志見到十方世界宛如恆河沙一般的無盡世界。

在這些世界中，在在處處都有偉大的諸佛世尊現生，雖然這些佛陀分處於十方世界，卻各自在遙遠的國度，以殊勝美妙的蓮花賜予寶海梵志。

這些殊妙的蓮花相當的特別，不僅具有微妙的銀莖、金葉，並以琉璃為鬚，且在花台當中，還化現出莊嚴的日輪，而且在每一個日輪之上，全部現起了七寶所成的微妙寶蓋。每一個日輪都發出了六十億種光明，不可思議的是這些光明全部都射入了梵志的口中。

忽然之間，梵志見到自己的身體，充滿在四萬里般廣大的空間，身內清淨無垢宛如明鏡一般。同時在他的腹中，產生極大的變化，竟然有六十億那由他的百千菩薩大眾，在蓮花上結跏趺而坐，安住在三昧禪定之中。

寶海不僅十分驚訝自己身體的變化，而且，他還見到由大日所圍成的寶鬘，環繞著他的身體，光明晃耀，宛如一千個太陽同時出現一般。而且在寶蓮花中，法爾自然的奏出美妙的樂音，竟然比殊勝的天樂更加宛轉悅耳。

接著，寶海梵志夢見了無諍念王，竟然變成了豬面人身，全身遍滿了汙血，他盲目地向四處狂奔，而且啖食著種種的蟲狸。啖食這些蟲狸之後，就坐在樹下，這時又有無量

Amitābha
阿彌陀佛

➡ 公元 179 後漢
靈帝光和二年
§ 支讖譯出《般舟三昧
經》，淨土的信仰開始
在中國被弘傳

➡ 公元 228 年
§ 吳大帝黃武年間支謙譯
《大阿彌陀經》

寶海梵志夢境中，無諍念王與王子們不斷重複著他們輪迴的命運

的眾生來啃食他的身體。

　　而且他所化成的豬面人身，被啃食到僅剩下骨架而已，最後他只好捨棄這個身體，重新再投胎，卻依然還是投胎為豬面人身，不斷的重複著他的命運。

　　接著他又看到王子們的情形，也是化作豬面、或是象面、或水牛面、師子面、狐面、狼面、豹面、乃至於獼猴的面孔，王子們也如同大王一樣，不斷的重複著他的命運。

　　除此之外，他又見到一些王子，拿著黃色的須曼那花，做成華鬘瓔珞，駕著水牛牽引的小破車，從不正確的道路向南馳去。寶海看到這些景象，心中正感到十分的疑惑。

　　這時他又見到四大天王、帝釋天王及大梵天王來到他的屋中，告訴他說：「你有許多的蓮華，你應當先取一朵蓮華給予轉輪王，接著再另外給予每一位王子一朵蓮華，其餘的蓮華再給予其他諸位小王、你的孩子還有其他的大眾。」

　　梵志就遵從他們的話語，取了蓮華依序給予眾人。

　　此時，寶海忽然夢醒了，他繼續躺在臥床上，回憶著夢中所見到的景象，經過仔細思惟之後，終於了解其中的意義。心想著這一定是大王供養的發心不圓滿，愛樂沉溺於生死輪迴，貪著世間的快樂，所以才會有如此夢示產生。

　　他繼續分析著夢中的景象，認為自己分析得十分合理，但是有些的夢境，仍然無法解釋，但在這夜半之際，只好耐心等待黎明的來臨，再向佛陀請問。

Amitābha
阿彌陀佛

➤ 公元 234

魏明帝青龍二年
§ 印度僧龍樹（公元
150-250 頃）著《中
論》、《十二門論》、《大
智度論》、《十住毘婆沙
論》等

➤ 公元 252

曹魏嘉平四年
§ 康居國唐僧鎧前來洛
陽，譯《無量壽經》

六道輪迴圖

夢境的啓示

　　清晨的曙光慢慢的升起了，寶海梵志趕緊來到林園，大王、千位王子還有無數的大眾，也先後來到閻浮林園，聽聞如來的開示。

　　佛陀舉身光明普照園林，一切所見的萬相，在雲靄中就如同夢幻泡影，感覺是那麼的虛幻不實。

　　此時寶海梵志就將夢中所見到的景象，向如來訊問。

　　如來說道：「一切的夢境乃至法界萬相，都是現空無實，宛如清晨的朝露一般虛幻，你的夢境也是幻化而不實際的，千萬不要執著。但是你的夢境在緣起上還是有其因緣，關於前半段的夢境是表示你成道的境象。

　　至於你夢到人形豬面，乃至獼猴面等種種獸面人身，這些獸面人的身上充滿著血汗，而且當他們噉食種種的虫貍之後，就坐在伊蘭樹下，接著又有無量的眾生噉食他的身子，直到剩下骨璅，並一再的受身再生。

　　這是代表一些愚痴的人，雖然安住在布施、調伏並善巧攝受自己的身與語的三福之中，卻沒有生起無上菩提的智慧，所以往生於各種境界之後，而造成的苦迫現象。」

　　「佛陀，那麼他們將往生那些境界呢？」

　　「這些人如果投生於他化自在的魔天，未來會遭受到退墮的痛苦結果。如果生於人間，則會有生、老、病、死、憂悲惱的苦、與愛者相別離的苦痛、與怨憎者相會的痛苦、所

Amitābha
阿彌陀佛

➤ 公元 308

晉懷帝永嘉元年

§竺法護譯《無量壽經》

■ 無量迴向——將任何修行功德迴向無上菩提

　　這是修行無量的法門，實踐無量菩薩行的菩薩，在修持過程中所必須不斷圓滿的事情。這樣修持迴向是極為重要的，這就叫做無量迴向。

　　一位生起無量心的菩薩，行無量的法門，而且不斷的實踐著無量的菩薩行。在他實踐的過程當中，永遠不要執著自己的任何修行功德。乃至於只是剛剛所發起一念的菩提心，其中所有善根，他都應該用無量廣大的心量，將這一念發起菩提心所成就的善根，迴向給一切法界及眾生。

　　無論微小或廣大無邊的功德，在不斷的積聚無量的菩薩行願中，都應該普遍迴向給一切眾生，使一切眾生受到迴向的加持，而能夠現證解脫，安住在無生法忍的廣大智慧，並且如同佛陀一般證入圓滿的涅槃境界。

求不得的苦等等。

如果出生在餓鬼道，則會遭受到飢渴無食的痛苦。如果出生在畜牲道中，則有無明黑闇及斷頭的苦。如果出生在地獄道中，則會受到各種最深刻的苦迫。

這些人本來是因爲要遠離這些眾苦，所以修學三福之處的法門，然而，卻愚痴的將功德轉求成爲天王、轉輪聖王，希望統領天下等，如此一來，反而又落入痛苦之中。這些痴人又噉食一切的眾生，所以這些眾生，也反過來吃他。愚痴者是如此的無盡輾轉於生死輪迴之中。這樣的夢境，即是代表他們恆久沉淪於生死輪迴的現象啊！」

這時，寶海梵志的心中感到驚悚恐懼，想祈請如來籌思對策。但他還是堅持先將夢境請問完畢，於是繼續問道：「佛陀！那麼，爲何有人駕著水牛的小破車呢？」

「寶海梵志，你在夢中見到有些人，用須曼那華來製作華鬘瓔珞，並駕著水牛的小破車，在不正確的道路上，往南馳走。這是他們安住在三福事中，能夠自在調伏，使自心得到寂靜，並趨向聲聞乘的現象。」

寶海梵志這時心中驚疑不決的問道：「佛陀，這些難道都是未來的預示之相嗎？」

「是的，寶海梵志，這就是未來的預見啊！」

「那麼大王們的悲慘未來，是否有改變的機會呢？」

「寶海梵志，這是絕對沒有問題的。大王們由於智慧不

Amitābha
阿彌陀佛

→ 公元 327～402

§ 中土的往生淨土法門，
起源於東晉潛青山竺法
曠

寶藏如來鼓勵寶海梵志勸發國王與王子們

足，所以種下這麼廣大的福田，卻發心迴向投生人間、天上享樂，如此這些福德只有推著他們不斷的輪迴生死了。……

大王們之所以會不斷輪迴受苦，只是因為愚痴的發心，而種下的因。所以，只要改變發心的緣起，那麼果去自然就不同了。」

寶海梵志滿懷殷切地問：「如果大王們發起無上的菩提心，是否會改變未來，而成就無上的佛果呢？」

佛陀回答：「在宇宙之間，確實沒有不可改變的定命；因此，只要因緣不同，果報就不同了。佛法中所見的未來，是觀察由於目前這樣的緣起，而會造成日後的結果，並不是決定之相。

所以，以天眼的神通所觀察到的未來現象，是依據現在所種下的因緣，如果因緣沒有改變的話，將來就會產生如此的果報。但是，要注意，在產生果報之前，都可以再加入不同的緣起，而使未來可能的結果產生無盡的遷變。

所以，天眼所觀察的未來，是可能的未來流向，如果條件趨勢不變的話，日後就會成真。但是，可惜大部份的眾生，在一般的時間內，都無法加入新的有力因緣，來昇華未來的境界，所以往往未來的預示就成真了。

其實，在這期間，如果加入良善的因緣，未來就會趣向於較好的境界；如果又加入惡壞因緣，那麼未來一定會更加下墮了；如果是種下無上菩提的因緣，當然能使未來朝向究

Amitābha

阿彌陀佛

━━➤ 公元 402

§姚秦鳩摩羅什、劉宋寶
　雲與畺良耶舍等，有
　《阿彌陀經》、《十住
　毘婆沙論》、《無量壽
　經》、《觀無量壽經》
　等淨土要典次第譯出，
　淨土的信仰在中國，才
　漸漸地普遍起來

■ 菩提心

　　全稱為阿耨多羅三藐三菩提心，又作無上菩提心，即是求取無上菩提的心。菩提心為一切諸佛的種子，淨法長養的良田，若發起此心來勤行精進，當得速成無上菩提。

　　所以由此可知菩提心乃一切正願的起始、菩提的根本、大悲及菩薩學的所依：大乘菩薩最初必須發起大心，稱為發菩提心、發心、發意；而最初的發心，稱初發心、新發意。求往生淨土者，亦須發菩提心。依《無量壽經》載：三輩生之人皆應發無上菩提心。

　　而菩提心的體性，據《大日經》〈住心品〉記載：如實知自心，即為菩提。即以本有的自性清淨之心為菩提心。

　　菩提心依種種因緣而發起，據《菩薩地持經》載：發菩提心有四種因緣，以如是四種因緣為增上緣，欣樂佛的大智而發心，即⑴見聞諸佛菩薩的不可思議神通變化。⑵雖未見神變，但聞說菩提及菩薩藏。⑶雖不聞法，但自見法滅之相，故護持正法。⑷不見法滅之相，但見濁世眾生為煩惱所擾，而難得發心。

　　另《發菩提心經論》〈發心品〉中記載有四緣即⑴思惟諸佛，⑵觀身之過患，⑶慈愍眾生，⑷求最勝之果。

　　《無量壽經》中要以「四弘誓願」作菩提心，且將之分為隨事發心（由具體的事項而發心）與順理發心（由普通的真理而發心）二種。

竟的佛果。」

佛陀鼓勵著寶海梵志，既然已經勸發無量的眾生修學無上菩提道，現在也應當如是勸發無諍念王與王子們！在一旁的大王、王子們與無量大眾等，聽了如來與梵志的對話，心中驚恐萬分、忐忑不安。

苦口婆心勸發無諍念王

寶海梵志聽了佛陀的教誨，心中思惟著如何以最適當的言詞，來勸發無諍念王等人。

於是，寶海梵志苦口婆心地勸誡無諍念王，說他已經成就很多善妙的事情，現在應當是發起無上的菩提心的好時機。

但是，此時的無諍念王還是無法完全脫離人、天的染愛。於是此寶海梵志不放棄地說：「大王！菩提道是我們生命中最圓滿的皈依之要，你不應捨棄啊！我現在分別為你解說此道的殊勝。

菩提道是極為清淨的，你應當專志一心來具足願求。

菩提道是沒有任何汙濁的，這是因為我們安住於菩提道時，自心清淨的緣故。

菩提道是正直的，因為其中沒有任何的諂媚扭曲。

菩提道十分廣大，因為其中沒有任何的障礙。

菩提道能含受一切，因為能以平等持心來思惟。

菩提道沒有畏懼，因為不會從事各種惡事。

*A*mitābha

阿彌陀佛

➡️ 公元 402

晉安帝元興元年

§ 鳩摩羅什入逍遙園，翻
　譯《無量壽經》

§ 慧遠與十八高賢結白蓮
　社（簡稱蓮社），同修
　淨業

無諍念王深深的被寶海梵志的話語所打動

菩提道是大富貴，因為行布施波羅蜜而達生死的彼岸。

菩提道具足清淨，因為實踐持戒波羅蜜而達彼岸。

菩提道無我，因為行忍波羅蜜而達彼岸。

菩提道無所執著而不住，因為行精進波羅蜜而達彼岸。

菩提道無有紛亂，因為行禪波羅蜜而達彼岸。

菩提道是善巧抉擇，因為行般若波羅蜜而達彼岸。

菩提道乃是真實智慧所至之處啊！因為實踐大慈的緣故。此道絕對向前而不退轉，因為行大悲的緣故。此道是歡喜之路，因為能行大喜的緣故。此道堅牢鞏固，因為內心沒有執著而平等大捨的緣故。

菩提道中沒有刺棘，因為常遠離欲望、瞋恚、煩惱等覺受。這條道路安穩，因為心中沒有障礙。這條道路沒有六賊相害，因為能明析分別色、聲、香、味、觸等外相而不紛擾。這條道路能破壞諸魔，因為能善巧分別我們身心的眼、耳、鼻、舌、身、意六蘊，眼、耳、鼻、舌、身、意六根，色、聲、香、味、觸、法六塵等十二入，及六根、六塵交會所產生的眼、耳、鼻、舌、身、意六識等十八界的種種現象。……」

寶海梵志的心中自然智慧泉湧，為無諍念王宣說無上菩提道的殊勝，而且字字句句打入了大王的心中。

寶海梵志溫暖懇切的話語，不斷的在無諍念王耳中響起；大王已深深的被寶海梵志從心中流出廣大的言語所打

Amitābha

阿彌陀佛

➡ 公元 518～645

§ 佛教學者靈裕（518～
605 年）、淨影慧遠
（523～592 年）、智
顗（538～597 年）、
吉藏（549～623 年）
等都有關於淨土法門的
撰述

■ 無緣大悲

無緣大悲是真實的大悲，絕對的大悲，其悲心遍及一切眾生，乃為慈悲中的最尊者。龍樹《大智度論》卷四十：「慈悲心有三種，眾生緣、法緣、無緣。凡夫人眾生緣，聲聞、辟支佛及菩薩，初眾生緣後法緣，諸佛善修行畢竟空，故名為無緣。」

以無緣的大悲心，來對眾生做究竟的濟度

動，但是在他的心中仍然存有一絲的疑慮。

　　於是，無諍念王就對大臣寶海梵志說：「佛陀出現在這個世間，會住世八萬年，但是這樣的年壽還是十分有限。佛陀不能夠爲一切的眾生，斷除一切的惡業，使他們種下善根，不能使他們在種下善根後，更進一步修成聖果，或是證得總總善妙的境界。如果所有的眾生，都各自承受著自身的善報與不善的業報，由此看來，我們發起菩提心有何用處呢？」

　　寶海梵志又勸誡無諍念王道：「大王，如果您是從眾生的立場看，那麼這無盡的煩惱，雖然由如來次第的教化而斷除，但似乎總是難以窮盡；而且無邊的眾生，也在緣起中不斷的生成，似乎永難圓滿。

　　但是，若依如來自身的立場而言，這一切都已在無緣大悲中圓滿了，一切眾生根本是如幻不可得，並沒有實性，眾生與佛陀一如無二、等無差別；如來是以眾生不可得的無緣妙心，生起如幻的大悲心，來做究竟的濟度。大王實在不必生出如此的差別心念啊！」

　　「寶海梵志，這樣的理趣我是完全了解的，但是，依現前的緣起看來，如果在眾生中有一個人沒有生起善根，那麼，如來就不能圓滿的具說斷除痛苦的妙法。如來世尊雖然是最無上尊貴的廣大福田，但是若是眾生沒有善根，還是不能實踐斷除一切苦惱的妙法啊！」

Amitābha

阿彌陀佛

➡ 公元 411

義熙七年

§ 佛馱跋陀羅譯《觀佛三
昧經》

➡ 公元 476～542

§ 後魏曇鸞為《無量壽佛
經》注解，依龍樹的
《十住毘婆沙論》立難
行道與易行道的說法，
深為後世推崇。而主張
他立的本願，開始闡明
淨土宗的本義，專重持
名念佛求生淨土

■ 寶藏如來所現起的廣大境界──見種種莊嚴三昧

當寶藏如來證入見種種莊嚴三昧之後，現起廣大的神通變化，而且放出不可思議的大光明，十方世界在這三昧的大光明注照之下，如千月映江一般，平等無分別的明朗現起。在上下十方之中，每一方向都現出一千佛剎微塵數的世界，並且將這些諸佛世界的一切微密莊嚴，明晰的彰顯出來。

在無邊的佛世界海中，只見到有些世界的佛陀已經涅槃了；有些世界，則是佛陀示現剛剛涅槃的狀態；也有的是菩薩開始端坐在道場中的菩提樹下，降伏一切的魔怨，方要成佛的情景。也有的世界是佛陀才初成正覺就大轉法輪；有些則是佛陀成道許久之後才轉法輪。

無邊世界的佛陀演弄了種種無盡的因緣，而這些世界的景像，更因為因緣不同而有差異。

有些世界，是純粹的菩薩世界，只有大菩薩眾遍滿國土，完全沒有聲聞、緣覺的名號；有些世界，佛陀宣說著聲聞，緣覺辟支佛等小乘教法；有的則已沒有佛、菩薩、聲聞、緣覺等聖者了；有的是十分弊惡的五濁惡世；有的世界卻是十分的清淨微妙，沒有任何的汙濁邪惡；有的世界卑陋不淨，有的莊嚴清淨妙好。

有些世界，有無量的壽命，有的卻壽命短促。有的世界有大火災，有的是大水災，有的是大風災。有的世界，剛剛開始建立，時劫才初始成立推動而已，有的世界，則已經建立許久。

這些無量的世界，在如來三昧微妙光明的遍照之下，十分清楚，完全的顯現出來。

雖然無諍念王在這樣的心念當中，已決定發起無上正覺的菩提心而不退轉！但是，依他所觀察的因緣，他還是不願意在五濁惡世中的穢劣國土，發起菩提心。

因此，他現在決定行菩薩的大道，而且祈願在未來成就無上正等正覺的佛果時，他所教化的世界中，沒有任何的痛苦質素。如果他得證如此的佛土時，此時他一定會成就無上正覺。

相應於無諍念王發心求取淨土的因緣，這時，偉大的寶藏如來就證入佛陀的大三昧禪定中，這個大三昧稱爲見種種莊嚴三昧。

當大眾親眼目睹寶藏如來入於三昧中，所現起的種種廣大境界，觀看了無量無邊的清淨諸佛世界，及種種莊嚴境界現起之後，無不充滿了訝異與讚嘆。

親睹清淨佛土的無諍念王

這時，寶海梵志就對無諍念王說：「大王！現在你已經親見了諸佛世界的無邊莊嚴，所以現在更應當堅固發起無上的菩提心，並隨順著自己的菩提心願，來祈請選擇與自身因緣相對應的佛土。」

無諍念王想了一想，就雙手合掌向寶藏如來說：「世尊啊！諸菩薩眾，到底是以何種的業因，而選取清淨的世界？又依於何種因緣選擇不淨的世界？到底是依什麼因緣，而壽命無量？或是以何因緣，而壽命短促？」

Amitābha
阿彌陀佛

➡ 公元 518～645

§佛教學者靈裕（218～
605）、淨影慧遠
（523～592）、智顗
（538～597）、吉藏
（549～623）等都有
關於淨土法門的撰述

無諍念王經過七年的思惟發願，一心策劃如何建構清淨的佛土

Amitābha
第一部 第二章
阿彌陀佛過去的菩薩大行

佛陀則回答說所有的菩薩們，都是以菩提願力而成佛的，由於各自的願力不同，而選取不同的佛土世界。

這時，無諍念王思慮一番後，對佛陀說：「世尊啊！我還是先回到城中，選擇閑靜的地方，專心思惟之後，再發起菩提誓願。但是基本上，如同我所見到的佛土，是遠離五濁惡世的，所以我希望求取清淨莊嚴的世界。」

佛陀就告訴大王說：「現在正是恰當的時節因緣啊！」

接著，寶海梵志繼續教化大王的千子，發起無上正覺的心，然後又去教化八萬四千小王及其餘無量大眾，令他們發起正等正覺的菩提心，然而所有大眾卻都與無諍念王的想法相同。

思惟再思惟，策畫再策畫，大眾為建構自己未來莊嚴佛土，殫盡心力的一心寂靜禪觀。前後七年之中，他們各自於自己的居所，一心端坐的思惟修集種種的莊嚴，以圓滿莊嚴自己未來的佛土世界。

寶海梵志盡心盡力的勸化大眾發起無上菩提心之後，心想：「現在我已教化無量的眾生，發起無上菩提心了，也已恭請佛陀及大眾，在七年當中接受供養。

假若我必然成就無上正覺，那麼我希望勸喻天、龍、鬼、神、阿修羅、乾闥婆、緊那羅、摩羅伽、夜叉、羅刹、拘槃茶率眾部鬼神，令他們同樣供養佛陀與如是的大眾，來圓滿他們的功德。」

061

Amitābha
阿彌陀佛

➡️ 公元 562～681

§唐‧道綽與善導繼承曇鸞法爾大弘淨土宗

➡️ 公元 608～748

§慧日在《淨土慈悲集》中主張教禪一致、禪淨合行、戒淨雙修

■ 授記

授記原本指分析數說，或用問答體解說，後來則專指有關弟子未來世證果等事的證言。

關於授記的類別，有多種說法。《首楞嚴三昧經》卷下謂有四種，即：

(1)**未發心而與授記**：有眾生往來於五道，然諸根猛利，好樂大法，故先行記其經若干劫發菩提心，乃至得菩提。

(2)**發心即與授記**：有人久植德本，修習善行，乃至發心而入菩薩位時即授記之。

(3)**密授記**：有菩薩未得授記，常精勤求菩提，乃至久行六度，有成佛之相，故於其他菩薩等之前記別此一菩薩，然不令其人知之。

(4)**現前授記**：有菩薩於一切法得無生忍，乃於一切大眾中現前授記之。

　　由於寶海梵志的教化，整個刪提嵐佛土中的四大天王及其眷屬都一一發起無上的菩提心。

　　寶海在七年之中，教化了不可稱數的天人，使他們決定安住於無上正覺。更使無邊的龍、阿修羅、乾闥婆、羅剎、拘槃荼、毗舍遮、餓鬼、畜牲、地獄及人等，畢竟住於無上正覺。

　　而在此的同時，無諍念王經過七年的思惟發願，也臻於成熟的階段了，一位無量光明的如來，未來將畢竟現生。

　　無諍念王在七年之中，心中沒有生起任何的慾望。他沒有瞋貪、恚欲、沒有愚痴、憍慢等欲望。也沒有國土、兒息、玉女、飲食、衣服、華香、車乘、睡眠、享樂等欲望，也沒有我欲、他欲等等眾欲。在七年之中，他沒有一點欲望的心。

　　此外，無諍念王更是精進的常坐不臥，不分晝夜的思惟，一心精進專注，絲毫沒有任何疲厭的感覺。而對於外界的聲音、香、味、觸也毫不執著。

　　他一心恆常觀見十方世界，上下十方的每一方位，都有如同一萬佛土微塵數的清淨莊嚴諸佛世界。這個世界中的須彌山及其附屬的小山、大小鐵圍山及其間的幽冥之處、日月星辰、諸天宮殿，都在眼前消失了，他的眼中只見到清淨莊嚴的佛土世界而已。

　　無諍念王見到這些無邊清淨莊嚴的佛土，心中十分的喜

Amitābha
阿彌陀佛

➡ 公元 712～803

§ 承遠依《無量壽經》立
  五會念佛，以音韻文學
  弘揚淨土法門

➡ 公元 760～813

§ 菩提流支譯《無量壽如
  來會》二卷

清淨上妙的佛土

悅，於是隨著自己的本願，選擇攝取與自己有緣的清淨妙相，來做爲自己未來佛土的建構要素。

於是，無諍念王在七年之中得受極大的喜樂，悠遊於各種莊嚴的諸佛世界，發願建構上妙的清淨佛土。

寶藏如來觀察因緣已經成熟了，於是想著：「這些無量的眾生，已經在無上正覺中獲得不退轉，未來他們成佛，也如同石頭落地般那麼自然了。我現在應當予以分別授記，並爲他們示現各種不同佛土的差別。」

於是，佛陀再進入大三昧境界，這個三昧稱爲不失菩提心三昧。此三昧的力量廣大無邊，佛陀放出了大光明，遍照著無量無邊的世界，使這一切的世界，如鏡子一般清楚的明現。

無諍念王發起廣大誓願

無諍念王以及無量的眾生，在這個三昧的力量加持之下，見到了無邊的諸佛世界。而此時十方無量無邊的其餘世界，也受到了三昧力量的驚覺。在這些佛土中的大菩薩，由於蒙受佛陀光明的照注，在佛陀威神力的加持之下，從他方世界來到閻浮園中。

這些大菩薩們來到閻浮園後，就以自己的神通變化力量供養佛陀，接著他們五體投地頂禮佛足之後，右繞佛陀三匝，以示崇敬，坐在佛前，準備聽聞佛陀爲諸位菩薩，授記未來成佛的大法會。

Amitābha

阿彌陀佛

➡ 公元 959～1020

§宋·省常、淳化中仰慕
　盧山白蓮社的遺風，在
　西湖邊結蓮社專修淨
　業，後改名為易行社

寶藏如來讚嘆無諍念王後，注視著西方的虛空世界

　　這時，寶海梵志首先向大王敬白說：「大王啊！現在你是否可以先發起誓願，來求取未來的淨妙佛土？」

　　無諍念王聽了之後，就起立合掌，長跪向佛陀稟白：「偉大的世尊啊！我現在已經有了決定的心念，真實的想得證無上菩提。我先前三月之中，供養佛陀及僧眾的功德善根，現在全部迴向無上正覺的佛果。但是我希望將來成佛後，絕對不願求取不清淨的佛土。」

　　佛陀請問大王希望求取何種的佛土，無諍念王回答：「在過去七年之中，端坐修禪思惟種種莊嚴的清淨佛土，現在已經有了心得，而且發下弘大誓願。」

　　無諍念王發起大願之後，就向佛陀說：「佛陀啊！我期望將來成佛時，世界是如此的清淨，而眾生又能如此的圓滿。」澎湃的大悲誓願，在無諍念王的心中湧動著。

　　無諍念王發起無比深廣的大願之後，大眾一片默然，每一個人都以無比崇仰的眼神觀注著大王，並思惟著大王甚深悲願的內涵。

　　這時，寶藏如來就告訴無諍念王說：「善哉！善哉！大王，現在你所發的願實在是甚深無比。你將來所成就的淨土世界，其眾生的心也是清淨無比的。」

　　如來讚嘆了無諍念王之後，眼睛凝注著西方的虛空世界，眼中泛出悲智交蘊的渾厚柔光，而大眾也不自覺得隨著佛陀的眼神，向西方的虛空望去。

${\mathcal{A}}$mitābha

阿彌陀佛

➡ 公元 980

§ 趙宋・法賢譯《大乘無

  量壽經莊嚴經》二卷

■ 佛陀的十種名號

  佛陀的十種名號為：如來、應供、正遍明、明行具足、善逝、世間

解、無上士、調御丈夫、天人師、佛世尊等十種名號

寶藏如來授記無量清淨王號為阿彌陀佛

接著佛陀又說道：「大王啊！你現在觀察西方過百千萬億的佛土之外，有一個尊善無垢的世界。在這個世界中有一位佛陀，稱爲尊音王如來。他擁有著佛陀的十種名號，現在正爲許許多多的菩薩眾們宣說正法。」

這時，無諍念王就隨同佛陀的指示，觀察著西方的尊善無垢世界。

「在尊善無垢世界中，只有佛與菩薩，並沒有聲聞、辟支佛的存在與名號，也沒有宣說小乘法的人，大家都只宣揚著大乘佛法。生活在這個世界中的眾生，不是經由男女交合受胎而生，皆是化生而生。所以在這個國土中，都是男性，更沒有女人與女人的名號。」

於是，寶藏如來微笑的看著無諍念王說：「大王，尊善無垢世界中，所有的功德清淨莊嚴，是否正與大王所願求的無量種種莊嚴的佛世界中，等無差別呢？這樣的世界將攝取無量無邊已受調伏的眾生，我現爲你改名號爲無量清淨。」

這時，虛空中光明雨下天花飛飄，無盡的妙樂鳴空而起，似乎都在迴頌著無量清淨的名號。

寶藏如來接著告訴無量清淨王說：「這一位尊音王佛，經過一中劫的時間之後，當無量諸佛全部滅度之後，再經過一恆河沙等阿僧祇劫的時間，而進入第二恆河沙等阿僧祇劫。這時，這個世界將轉名爲極樂世界，而你就要成就佛果了，那時你將名爲阿彌陀佛，具有如來的十號。」

Amitābha
阿彌陀佛

➡ 公元 1133～
　　　1262

§ 善導的《觀無量佛經
　疏》四卷傳去日本，比
　叡山天台宗的源空，依
　此經疏的〈散善義〉著
　《選擇本願念佛集》，
　開創了日本的源土宗
§ 親鸞開創了日本的淨土
　真宗

大王子不眴即觀世音菩薩過去生，二王子尼摩是大勢至菩薩過去生

八王子泯圖即普賢菩薩過去生，九王子蜜蘇即阿閦王如來過去生

　　無量清淨王聽了佛陀的授記之後，十分的欣喜，無量清淨王又十分關心地向佛陀問，寶海梵志在未來世時，要經過多久之後，當成就無上正等正覺？

　　寶藏如來和藹的對無量清淨王說道：「大王！這一位梵志因為成就大悲的緣故，具足無量的功德，至於他的因緣，在未來世，當他成佛弘法發出師子吼時，你就明白了。」

　　大王為了驗證自己的發心，就向佛陀稟白：「世尊！如果我所發願的成就，正如同佛陀所授記的一樣；那麼，現在我五體投地頭面頂禮佛陀，應當能使十方如恆河沙般的世界，生起六種廣大震動的瑞相。其中的諸佛，也當為我授予無上正等正覺的預記。」

　　無量清淨王說完這話之後，立即來到佛陀面前，向佛陀頂禮。這時，十方如恆河沙般的諸佛世界，果真起了六種震動的瑞應。這些世界中的佛陀，就給予大王授記道：「在刪提嵐世界善持劫的時代中，人壽八萬歲之時，有佛陀示現於世間，名為寶藏如來。有無量清淨轉輪聖王，主領天下，並以三個月的時間，供養寶藏如來及僧眾。

　　以此善根在經過無數位如來出世之後，及一恆河沙等阿僧祇劫之後，進入第二恆河沙阿僧祇劫，當能成就佛果，號為阿彌陀佛，成佛的世界名為極樂。他身上的常光遍照，縱廣周匝十方，各如恆河沙般的諸佛世界。」

　　無量清淨王看到了無邊法界諸佛的印可授記，心中充滿

Amitābha

阿彌陀佛

➤ 公元 980

§ 趙宋·法賢譯《大乘無
量壽莊嚴經》三卷

勸發無諍念王的寶海梵志，即是釋迦牟尼佛的過去生

了感動，也更堅定了無上正等正覺的智慧悲心。至於大王子不眴，即觀世音菩薩過去生，他發願要做一切充滿著苦惱恐怖眾生的依怙，並隨侍阿彌陀佛在極樂世界中教化眾生。

二王子尼摩，也就是大勢至菩薩過去生，他發願求取廣大的世界。三王子王眾，即文殊菩薩過去生，他發願要見到十方無量無邊諸佛世界中，所有諸佛都是他勸發而成就，這時他才願意成佛。

四王子能伽羅，也發起了如同三王子的大願，以金剛般的智慧，摧破眾生的煩惱。五王子無畏，發願求取如同蓮華世界一樣清淨的國土。

同樣的，六王子虛空也發起了和無畏王子相同的心願。七王子善臂，想像著他心目中美麗的金華淨土，堅毅地發起廣大的菩提心。八王子泯圖，即普賢菩薩過去生，他以無比勇健的心，發願要超勝一切菩薩行，總攝一切菩薩三昧。

九王子蜜蘇，即阿閦如來過去生，發起了對一切生命，不生起絲毫惱怒瞋恨的誓願。

寶海梵志開始轉而勸發自己的八十個孩子，及自己的一千個弟子發起無上菩提心，他們就是賢劫千佛。

當寶海梵志一一勸發大眾之後，是因為沒有人要攝受污穢不淨的眾生，使他憂心愁悶，而發起無上菩提心，攝取污穢不淨的世界成佛，寶海梵志就是在人間成佛，我們的導師——釋迦牟尼佛。

*A*mitābha
阿彌陀佛

➡ 淨土聖賢錄

§ 淨土教主：阿彌陀佛

§ 闡教聖眾：觀世音菩
　薩、大勢至菩薩、文殊
　師利菩薩

光明無量的極樂世界

第三章 光明無量的極樂世界

這是一個無量光明的世界，在極樂世界中，一切都是由阿彌陀佛往昔的淨業、光明威德所成就。

每一寸大地，每一個所在，都是阿彌陀佛參照了二百一十億個佛土，而擘畫出完美的藍圖，所示現而成的。

01 極樂世界的時空位置

阿彌陀佛在極樂世界成佛以來已經十劫了，這個由阿彌陀佛發願成就的世界，我們一般稱之為極樂世界，或是安養世界，有時又稱為須摩提世界。須摩提是音譯，因為他的梵文是 Sumati 或 Sukhāmati（極樂）。就如同「極樂」這個名詞一般，這是一個沒有憂煩苦惱的快樂地方。

從娑婆世界到極樂世界的距離與方位，在《阿彌陀經》中傳述，極樂世界的位置在從此土西去的十萬億個佛土，這可以說是一個不可思議極遙遠的外太空世界了。

這個佛土在空間上，是位於我們娑婆世界的西方，因此極樂世界的別名，有西方淨土，不過要注意，娑婆世界的西方並不是指地球的西方。我們大約用太陽的西方去推算，由

Amitābha

阿彌陀佛

➤ 淨土聖賢錄

§ 闡教聖眾：祈婆迦尊者、馬鳴尊者、龍樹尊者、天親論師、覺明妙行菩薩

極樂世界距地球有十萬億乘以十億個太陽系的距離

太陽往西經過十萬億佛土，就是極樂世界。

　　這個遙遠的距離，可能會讓許多想要往生極樂世界的人擔心，因爲太遙遠了。事實上，我們如果眞的想往生極樂世界，是透過心靈而非表相的物質來到達。我們在心念中具足無量的願力，當因緣具足時，一個心念就可直接到達極樂世界，而不是透過物質的空間。

　　如果用實有的空間來計算，這個十萬億乘以十億個太陽系的距離，大概要耗費千百億年的時間才能到達極樂世界。

　　然而我們的心靈可以造成絕對的速度，所以一念就可以超越無限的物質空間，這也是佛法中所謂心物一如的宇宙觀。

Amitābha
阿彌陀佛

➡ 淨土聖賢錄

§ 往生比丘：慧遠、慧
永、僧顯、慧虔、僧
濟、慧恭、曇恆、道
敬、曇順、佛馱跋陀
羅、道昞、僧叡、曇
詵、慧崇、曇鑒、道海
慧龕、惠恭道廣、曇汉
道光、慧通、曇宏、慧
進、道珍、曇鸞、法
琳、慧光

■ 極樂世界以七寶為地

極樂世界的國土，琉璃為地，雜以七寶，內外映徹，下有金剛七寶金幢，擎琉璃地，其幢八方，八楞具足，一一方面，八寶所成，一一寶珠，有千光明，八萬四千色，映琉璃地，如億千日。琉璃地上，以黃金繩，雜廁間錯，以七寶界，分齊分明，恢廓廣蕩，不可限極，微妙奇麗，清淨莊嚴。

02 極樂世界的構成

極樂淨土的構造與人類所居住的娑婆世界截然不同，既沒有高山、大海，也沒有江河之類，地面純然爲七寶所成的平地。

極樂世界的整個構成質性是七寶：金、銀、琉璃、珊瑚、琥珀、硨磲、瑪瑙。這七寶構成所有的物質世界，有七寶的大地寶池、樓閣宮殿、寶樹羅網，所有硬體設施均爲七寶莊嚴閃耀所成，由七寶所成的大地，無比寬廣不可限極。而且七寶完全相互能融攝，輾轉相合間入，光明赫赫煜爍，十分的微妙奇麗。

極樂世界十分清淨莊嚴，遠超越了十方一切世界；這些妙寶莊嚴，都是眾寶的精髓，猶如他化自在天的珍奇妙寶。

極樂世界的大地是如此的微妙奇麗，一片平坦無染，竟然沒有須彌山、金剛鐵圍山、一切諸山，也沒有任何大海、小海、溪渠、井谷等凹陷之處。

但是如果眞的想見這些靈氣習水，則可在阿彌陀佛神力的加持下，而隨心見到喜樂的山水。

淨土中也沒有三惡道——地獄、餓鬼、畜生，以及各類的苦難趣所，只是純粹的佛法悅樂。也沒有四季——春、秋、冬、夏的季節變化、差別，氣候溫和不寒不熱，天氣常

Amitābha
阿彌陀佛

■ 極樂世界的寶樹能發出微妙法音

　　七寶諸樹，周滿世界，或純一寶，或有二寶三寶，乃至七寶，轉共合成。行行相值，莖莖相望，枝枝相准，葉葉相向，花花相順，實實相當，榮色光曜，不可勝視。清風徐發，出五音聲，微妙宮商，自然相和，其音之美，超過第六天上，萬種樂音千億倍，演出無量妙法音聲，聞其音者，得深法忍，住不退轉，至成佛道，耳根清徹，不遭苦患。目睹其色，鼻嗅其香，口嘗其味，身觸其光，心以法緣，皆得甚深法忍，住不退轉，至成佛道，諸根清徹，無諸惱患。

和合調適。

　　極樂淨土中七寶所成的寶樹，周遍整個極樂世界。有金樹、銀樹、琉璃樹、玻璃樹、珊瑚樹、瑪瑙樹、硨磲樹，或是由二種珍寶、三種珍寶乃至七種珍寶所組合而成的樹。幹樹、枝葉、花果等也都是由這些七寶所形成，例如金樹銀葉華果、銀樹金葉華果、琉璃樹、玻璃葉華果等等組合。

　　而且有的寶樹是紫金爲本，白銀爲莖，琉璃爲枝，水精爲條，珊瑚爲葉，瑪瑙爲華，硨磲爲實。有的寶樹是硨磲爲本，紫金爲莖，白銀爲枝，琉璃爲條，水精爲葉，珊瑚爲華，瑪瑙爲實，等等各具七寶的形式。這些寶樹枝、葉、莖都能相順相應而不雜亂相斥，彼此光芒互相映攝，更奇妙的是當清風吹拂時，還會發出自然相合的美妙樂聲。

　　在阿彌陀佛的主要道場中，有所謂的道場樹。這些樹高約四百萬里，樹幹的圓周有五十由旬，枝葉四布約二十萬里，也都是由一切眾寶自然合成。

　　有月光珠、持海輪寶來莊嚴裝飾，各支條周遍滿布，垂有殊妙閃爍著百千萬色的諸寶瓔珞，變化種種四射的光色無限照耀。

　　這些道場樹上又有珍妙寶網羅布覆蓋，甚至一切種種端嚴裝飾都能隨著眾生的心想與需求而顯現。當微風輕拂這些寶樹時，寶樹便奏出念佛、念法、念僧無量妙法的音樂，而且這些妙音能傳遍整個極樂世界。

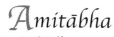

Amitābha
阿彌陀佛

■ 極樂世界的宮殿莊嚴

講堂，精舍、宮殿、樓觀、舍宅、皆七寶莊嚴，自然化成，復以真珠明月摩尼眾寶，以為交絡，覆蓋其土。所居舍宅宮殿樓閣，稱其形色高下大小，或一寶二寶，乃至無量眾寶，隨意所欲，應念即至。

極樂世界的宮殿莊嚴

　　當這寶樹妙音傳至淨土居民的耳中時，居民們便能證得甚深法忍，住於不退轉的境界，直至成就佛道，其耳根都是清淨明徹而不遭苦患。

　　眼睛所見的道場樹，耳中所聞的音聲，鼻嗅知其香氣，舌根嚐其味美，身觸遍其光明，心意以法緣，眼、耳、鼻、舌、身、意六根皆清淨明徹，無諸惱患，得甚深法忍，住於不退轉位。

　　這些寶樹的功德真是微妙不可思議，而且當淨土中人天眾生看見此樹，就能成就三種法忍：一、是音響忍，二、是柔順忍，三、是無生法忍。這樣的殊勝的因緣的產生，都是由於阿彌陀佛威神力的緣故，其本願力的緣故，其滿足願故、其明了願故、其堅固願故、其究竟願故所成。

　　而且淨土中七寶樹所發出的任何一種音聲，其美妙皆超過天上的種種音樂的千億倍。除此之外，也有自然音聲伎樂，其樂聲也是讓人能趣入佛、法、僧三寶的音樂，其樂聲清淨和暢、微妙和合雅緻，是十方世界的音聲中，最為第一。

　　極樂世界的講堂、精舍、宮殿、樓觀，也都是七寶所莊嚴自然和合而成的。這些宮舍上述覆蓋有真珠、明月珠等眾珍寶所構成的幔幕。

　　淨土中內外左右有許多浴池，有的十由旬，有的二十、三十乃至百千由旬，池中有八功德水，這八功德水具有清淨

Amitābha
阿彌陀佛

■ 極樂世界的池水隨意

　　淨土的人民，若入寶池，意欲令水沒足，水即沒足；欲令至膝，即至於膝；欲令至腰，至頸，灌身，還復，皆得如意，調和冷暖，自然隨意，開神悅體，蕩除心垢。復瀾灌注，發諸妙聲，或聞佛聲，法聲，僧聲，寂靜聲，空無我聲，大慈悲聲，波羅蜜聲，如是等聲，稱其所聞，歡喜無量。

極樂世界的寶蓮充滿

潤澤、不臭、輕、冷、軟、美、飲時調適、飲已無患八種功德。八功德水湛然盈滿，清淨香潔，味道甘甜美味如甘露一般。

　　浴池也是七寶所成，有的黃金池者，池底是白銀沙。珊瑚池者，池底有琥珀沙等等不同組合。甚至有的是二寶、三寶乃至七寶互相組合而成。

　　水池岸邊有栴檀樹，其花葉垂布，馨香熏人，水池上有如車輪一般大的蓮花，各色蓮花閃動著各色的光芒。如青蓮花閃動青色光，黃蓮花散發出黃光，紅蓮花有紅光，白蓮花閃動著白光，光色相映照內外互動，香氣四溢撲人。

　　當淨土中的菩薩、聲聞眾入於此寶池，都能隨其意而發揮功德水的無限特性，想要使水淹沒足部，水則如其意淹沒足部；想要讓水升至膝頭，水即到膝，想要到腰，水則到腰；甚至想要淋灌全身，水亦淋灌之，要令其還復原貌亦隨著我們的心意來發揮。

　　而且水質調和，溫度冷暖亦皆隨我們的心意，它能使我們開神悅體，蕩然除去心中的污垢，清明澄潔，一點雜質也沒有。

　　池中亦有七寶的沙與水相互映徹，有時有微細的波瀾激起迴流，互相流灌相注，有時安祥慢慢流動，不徐不急，恰恰適合眾生心意。

　　當八功德水波揚起時，自然發出妙聲，眾生也隨著自己

Amitābha

阿彌陀佛

■ 滅盡三昧的境界

滅盡三昧是指心與心所皆滅盡的三昧，即眼、耳、鼻、舌、身、意、識等六識之心作用皆滅盡的精神統一狀態，又稱滅盡等至、滅受想定、滅定。為心不相應行之一，七十五法之一，百法之一。此三昧係遠離無所有處的煩惱的聖者（即不還果以上的聖者），為樂無心的寂靜境而入的三昧。修此三昧，得生於無色界的第四有頂天。

■ 念佛功德──鸚鵡焚得舍利

唐貞元中，河東裴氏，畜一鸚鵡，常念佛，過午不食，一旦有病，念佛號十餘聲氣絕，火化後，得舍利十餘粒，炯然維目，慧觀比丘，為之建塔，成都尹韋作記。

■ 念佛功德──鴝鵒舌出蓮花

潭州有人，養一鴝鵒，遂成習慣，既弊葬之，地面出蓮花一朵，掘土視驗，花根生其口中。

心想而相應聽聞。有的聽到佛聲，有的是法聲，有的是僧聲，有的是寂靜聲、空無我聲、大慈悲聲、波羅蜜聲，有的是十方、無畏、不共法聲、諸通慧聲，有無所作、不起滅、無生忍、甘露灌頂、眾妙法等等音聲，眾生應機所聞而心生歡喜無量，並能隨順清淨，而離欲寂滅，入於真實義。所以淨土中連惡道之名也沒有，何況其實，所以到處充滿了自然快樂的音聲。

　　淨土中有無量寶網，彌蓋整個佛土，這些寶網是以金縷真珠、百千珍奇雜寶、奇妙珍異來莊嚴裝飾。並且寶網四面環繞，垂飾著寶鈴，珍寶各色相互晃耀，極盡華麗。

　　極樂世界中的德風，徐徐不急而微微吹動，調和溫柔，不寒不暑，溫涼適中，不急不凝。當風吹拂寶樹、寶網而演發出無量微妙的法音，流播著萬種溫雅的德香。聽聞者的塵勞垢習都自然地消除。此外，當風觸動身體髮膚時，其愉悅的感受就好像比丘證得滅盡三昧的境界。

　　有時輕風吹散華朵而遍滿佛土，花瓣飄落在地面上，每個顏色都排列自然不相雜次，舖滿地面的花朵柔軟而有光澤，且四處揚溢著馨香芬芳幽雅的香氣。

　　當我們的腳踏下時，地會隨著我們的腳步而下陷四寸，腳一舉起，地面又恢復原狀。這些散落的花已經沒有用處時，大地則自動開裂將花納化無遺，使大地仍然清淨無染。後來再隨著時節，又有風吹落花，佈滿佛土。

Amitābha

阿彌陀佛

■ 極樂世界居民的身相端嚴

　　極樂世界的人民，身皆真金色，具三十二相，形貌相同，無有好醜，容色微妙，皆受自然之身，無極之體。往生淨土者與佛陀相同，全都具足三十二種相好。這是成就四十八願中的第二十一願的三十二相願，「國中人天，不悉成滿三十二大人相者不可取正覺。」

極樂世界的人民與佛相同，都具足三十二相好

　　淨土中還有很多的寶蓮花，遍滿整個佛土世界，一一寶華都有百千億葉，各種花的光明顯現出無量種顏色，青、黃、白、玄、朱、紫、光色赫然，明曜如同日月一般。

　　一一寶華有三十六百千億光。一一光中出生三十六百千億佛，佛身皆爲紫金色、相好殊特莊嚴。一一諸佛都放射出百千光明，普爲十方眾生宣說微妙法，安立無量眾生於佛法正道之中。

　　特別的是，淨土中有種種奇妙雜色的鳥，如白鶴、孔雀、鸚鵡、舍利、迦陵頻伽、共命之鳥等種種奇妙的鳥，在晝夜六時，出和雅音，演暢五根、五力、七菩提分、八聖道分等法，而使生活在其中的眾生，由於聽聞其音聲而自然能生起念佛、念法、念僧的心，使他們時時刻刻與法相應。

　　然而這些鳥類並非業報所生，根據經典所載，其實他們都是阿彌陀佛變化而成的，這是阿彌陀佛所示現圓滿音聲的佛事。

Amitābha
阿彌陀佛

➡ 淨土聖賢錄

§ 往生比丘：智旭、如
　會、大勆、大真、道
　樞、崇文、具宗、讀
　體、林谷、萬緣、勝
　慈、成時、行策、海
　潤、長涇僧、指南、超
　城。

§ 明宏、明德、實賢、明
　悟、德峻、聞言、道
　徹、成註、了庵、實
　定、際會、實圓、恒
　一、慧端、法真、佛安

極樂世界教主：阿彌陀佛

03 極樂世界的居民

　　極樂世界的居民沒有三惡道的眾生，有人、天道的眾生，其中還有聲聞、菩薩眾，當然還有阿彌陀佛。居民的壽命都如同阿彌陀佛一樣，其長壽的程度不是數量譬喻所能了知。而且國土中的聲聞、菩薩眾的數量亦難以思量，不可稱說。此外，這些聲聞、菩薩眾神智洞達，威力自在，一手掌即能持起一切世界。

　　極樂世界的居民雖然仍有人、天的分別，但在淨土的他們，其智慧高明、神通洞達，其實都是同為一類，身形相貌也沒有差異，沒有美醜的分別，大家都具有三十二相好的金色身。只是有天、人之名的分別，這是為了順應極樂世界以外的他方世界眾生易於了解。而其實極樂世界眾生顏貌端正，容色微妙，非天神亦非人類，都受用自然虛無的蓮華心身及圓滿無上的妙體。

　　淨土中的人天眾都具有宿命通，了知百千億那由他諸劫之事。又都具有天眼，能夠親見百千億那由他諸佛國土，能聽聞百千億那由他諸佛所說法，其心智能了知百千億那由他諸佛國中眾生的心念。又皆具神足通，於一念頃中能超過百千億那由他諸佛國，並不會生起想念貪計身。並能演說一切佛法真諦，受讀、諷誦、持說經法，而且都能得致不可限量

➡️ 淨土聖賢錄

§ 往生比丘尼：慧木、法
盛、淨真、法藏、悟
性、能奉、慧安、袾
錦、廣覺、成靜、潮音

■ 三定聚——正定聚、邪定聚和不定聚

所謂三定聚是指正定聚、邪定聚和不定聚此三種。

這是諸種經典中廣為申說的眾生的三種分類。正定聚是指決定不退
的根機類型，是必定成佛。邪定聚是決定流轉的根器，是無信無行，決
定不能開悟。不定聚是隨緣而正邪不定，存在於前二者的中間。有緣者
證悟，無緣者不能證悟。

就三定聚的地位來說，經論是各異其說。在《俱舍論》第十中有：
「正邪不定之聚，造聖與無間及其他。」斷盡一切煩惱的聖者為正定
聚，造無間之惡上業，墮入地獄、餓鬼、畜生道者為邪定聚，除此正邪
二類之其他有情為不定聚。

在了慧的《無量壽經》鈔第六中有：「如釋大衍論」所說明這三種
法。即以下所列：

```
        ┌ 正定聚    三賢十聖——不退位故
三定聚 ─┼ 不定聚    十 信 位——或進或退不決定故
        └ 邪定聚    十信以前——不信業果報等故
```

的辯才智慧。

淨土眾生的壽命無能限量，依自己心願構想，想要壽命多長多短，都可自在的增長或減短。

此中眾生不會聽到種種不善的名稱，所受快樂如漏盡比丘，而且皆能住正定聚一直到成佛、滅度，而無所謂的邪定聚及不定聚。

極樂世界中沒有女人，每個人都具有大丈夫相，女人往生極樂世界亦化成丈夫相。往生到此跟隨阿彌陀佛的眾生，皆住於不退轉位，在此修行至一生補處，所以沒有輪迴、隔陰之迷等生死恐懼、阻隔。除非是自己本願願行普賢之德，遊化諸佛國而修菩薩行。

淨土中的聲聞眾，身光一旬，而菩薩身光則可照百由旬。其中以觀音、勢至二位大菩薩的光明能普照三千大千世界，最為第一。

當然阿彌陀佛無量光明，如《佛說阿彌陀經》中記載：「阿彌陀佛光明最尊、第一、無比，諸佛光明所不及也。……諸佛光明中之極明也。……諸佛中之王也。」

在極樂淨土中種種殊勝莊嚴，以及其中眾生的安樂、無量福德，以至於在此淨土中壽量無盡，究竟至一生補處，而終至成佛。

但不管是在阿彌陀佛的發願中，或是釋迦世尊在為我們介紹時，都會在這些殊勝境界後加上這麼一句：「除其本

$\mathcal{A}mit\bar{a}bha$
阿彌陀佛

➡️ 淨土聖賢錄

§往生人王：烏萇國王

➡️ 淨土聖賢錄

§往生王臣：七萬釋種、
劉程之、于昶、馬子
雲、韋文晉、張抗、文
彥博、楊傑、王仲回、
古王、葛繁、鍾離瑛、
景融松

依願來行願，必得阿彌陀佛的加持護念

願」，也就是說如果你另有願力：自願遊化他國、自願往他方救度眾生、發願往生五濁國土，捨去淨土中的無量壽命，捨去淨土中的三十二大丈夫相，捨去淨土中最勝莊嚴，而行菩薩行。

　　如果你如此發願，依然可以往生極樂國土，阿彌陀佛國土的上妙喜樂絕對不會阻礙你施行菩薩行，你依然可以依願行願，而必得阿彌陀佛的加持護念。所以阿彌陀佛為利益眾生的隨順悲行，是深切無可揣測的。

Amitābha
阿彌陀佛

■ 化佛

化佛又作應化佛、變化佛。佛陀為救度眾生而變現另一種姿態，即稱為變化身。

指原本沒有而忽然出現的佛。即應機宜而忽然化現的佛陀。《觀無量壽經》云：「於圓光中，有百萬億那由他恒河沙化佛，一一化佛亦有眾多無數化菩薩以為侍者。」

上品上生

04 何種類型的人可以前往極樂世界

凡是想前往西方極樂世界者，依經典《佛說阿彌陀佛經》的記載可分為九品人。這九人分別是：上品上生、上品中生、上品下生，中品上生、中品中生、中品下生，下品上生、下品中生、下品下生。

其中上品上生者，是眾生發願往生極樂佛國者，如果他們發起了三種心願，即便能夠往生。這三種心願是：至誠的心、深信的心、迴向發願的心。如果具足這三心者，必定能往生極樂世界。

另外又有三種眾生，必定當得往生極樂世界，這三種眾生是：一者具有慈心不殺害眾生，具足各種的戒行；二者讀誦大乘方等的經典；三者修行念佛、念法、念僧、念戒、念捨、念天等六念，並且迴向發願，要往生極樂國。如果他們具足以上的功德，可以在一天乃至於七天之內，即能往生極樂世界。

上品上生者，要往生極樂世界時，是如此的精進勇猛，所以阿彌陀佛與觀世音菩薩及大勢至菩薩，還有無數化佛、百千的比丘聲聞聖者大眾及無量的諸天等，隨伴著七寶宮殿前來。觀世音菩薩手執著金剛寶臺與大勢至菩薩到達行者身前。

Amitābha

阿彌陀佛

■ 第一義諦

第一義諦即最殊勝的第一真理。為「世俗諦」的對稱。略稱第一義。又稱：勝義諦、諦、涅槃、真如、無相、中道、法界。總括其名，指深妙無上之真理，為諸法中第一，故稱第一義諦。

上品中生

這時，阿彌陀佛在虛空中大放光明、照射著行者的身體，與諸大菩薩眾授手迎接行者。接著，觀世音、大勢至與無數的菩薩，都一同讚歎行者，並勸進他的心意。行者見到之後，十分的歡喜踊躍，能自己看見自己的身體乘坐著金剛寶臺，跟隨佛陀之後，如一彈指頃刻之間，就往生極樂國中。

往生極樂國土後，見到微妙色身眾相具足的佛陀，在光明的寶林中，演說妙法，他聽聞這些妙法之後，即刻證悟無生法忍。

經過須臾剎那的時間，遍歷承事諸佛，遍達十方世界，在諸佛身前，次第接受預記，未來將證得無上正覺的佛果，接著還至本國極樂世界，得證無量百千種的總持陀羅尼法門。

上品中生的修行人，他不必一定要受持讀誦大乘方等經典，而善解其中的義趣，但對於佛陀究竟的第一義，能夠心不驚動，不會畏懼究竟空義。他深信因果，不毀謗大乘的佛法。以此功德，迴向發願祈求往生極樂國土。

上品中生的修行者，當此生緣盡命欲終時，阿彌陀佛與觀世音及大勢至菩薩，在無量大眾眷屬的圍繞之下，持著紫金臺，到修行者的面前讚歎說：「法子啊！你修行大乘，並善解第一義諦，所以我現在前來迎接於你。」接著與千位化佛，同時授手迎接行者。

Amitābha

阿彌陀佛

➡️ 淨土聖賢錄

§往生居士：差摩竭、闕
公則、張野、張詮、何
曇遠、魏世子、庾詵、
宋滿、鄭牧卿、高浩
象、李知遙、孫忠

§左伸、孫良、賈純仁、
范儼、孫忭、唐世良、
陸淩、王闐、王日休、
樓汾、張元祥、元子平

■ 無生法忍

　　無生是指諸法的實相是空，並沒有真實的生滅現象，而諦認無生無滅之理，並安住且不動心。又作無生忍、無生忍法、修習無生忍。

上品下生

此時，行者見到自身端坐在紫金臺上，合掌叉手讚歎諸佛。同樣這一念之間，立即往生極樂國土的七寶池中。

待在七寶蓮池中，此紫金臺宛如大寶蓮花一般，經過一夜立即開啓。這時淨土行者端坐在紫金台上，身體也化作紫磨金色，足下也有七寶的蓮華。

這時阿彌陀佛及菩薩眾們都放出光明，注照著行者的身體，這時行者的眼睛立即開啓能明視。

因為從前宿習，所以能夠普聞一切的眾聲，這些音聲都純一宣說著甚深的第一義諦法門。他立即步下金臺，頂禮佛陀雙手合掌，讚歎世尊。

在極樂世界中經過七日之後，應時即入於無上正等正覺中，得證不退轉的境地，也應時即能飛身，遍至十方世界，遍歷承事諸佛如來。並在諸佛處所，修習各種的禪法三昧。經過一小劫後，得證無生法忍，現前受到成佛的預記。這就名為上品中生。

上品下生的修行者，也相信因果，不毀謗大乘，但發起無上菩提的道心。以此功德，迴向發願求生極樂世界。

當上品下生的修行者，在此生緣盡命欲終時，阿彌陀佛及觀世音、大勢至菩薩，與諸眷屬菩薩手持著金蓮華，並化現五百位化佛，來迎接行者。這五百位化佛，同時授手，讚歎他說：「法子啊！你現在已得到清淨的境界，發起無上的道心，所以我前來迎接你。」

Amitābha

阿彌陀佛

➡ 淨土聖賢錄

§ 往生居士：姚約、梅
福、胡嵩、陸偉、闔邦
榮、吳克巳、陳君璋、
王九蓮、楊嘉禕、陳道
民、唐廷任、戈以安

§ 孫叔子、郭大林、劉通
志、郝熙載、杜居士、
吳大恩、吳繼勛、華居
士、顧原、朱元正、周
廷璋、程見山

■ 五逆重罪

　　五逆重罪，是指殺父、殺母、殺阿羅漢、出佛身血、破和合僧。殺意作害，其中前四是身業，或一是口業。造此五罪必墮無間地獄受苦，故稱五間罪、五無間業。又因殺父、殺母是違逆恩田，其他三重違逆福田，故稱五逆或五逆罪。

中品上生

　　見到這個境界時，行者立即看見自身端坐在金蓮花上，坐上蓮花之後，蓮華就自然合起，隨著阿彌陀佛世尊之後，即得往生極樂世界的七寶池中。

　　上品下生的行者，經過極樂世界的一日一夜之後，蓮花才開展：而在七日之中，乃能得見佛陀。他雖然見到佛身，但是對於阿彌陀佛的眾種相好，心中卻不明白，要經過三七日之後，才能了了明見，並普聞眾種音聲，都在演說妙法。

　　他接著遊歷十方世界，供養諸佛，並在諸佛之前，聽見甚深的妙法。歷經三小劫後，證得百法明門，智慧增長，解了眾法，安住在初地歡喜中。這就名為上品下生。

　　中品上生的修行者，能往生極樂淨土。如果有眾生受持不殺、不盜、不邪淫、不妄語、不飲酒等五戒，持奉八關齋戒，修行各種戒法，不造五逆重罪，也沒有各種的過惡。那麼以此善根，來迴向祈願求生於西方極樂世界，那麼就可以修得中品上生。

　　中品上生的修行者在此生緣盡，臨命終時，阿彌陀佛在比丘眷屬大眾圍繞之下，放出金色光明，來到此行者的所在，並為他演說苦、空、無常、無我的法音，讚歎出家的因緣，能夠得離眾苦。

　　行者見到之後，心中生起廣大歡喜，見到自己的身體坐在蓮花臺上，長跪合掌五體投地向佛作禮。頂禮之後，在未舉起頭時，立即得以往生極樂世界。

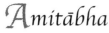

Amitābha
阿彌陀佛

➡ 淨土聖賢錄

§往生居士：張守約、莊
廣還、鮑宗肇、莊嚴、
黃承惠、聞啓初、沈咸
（宏）、朱鷺、吳瞻
樓、吳鳴珙、王醇、陳
至善

§張光緯、袁列星、皇甫
士坊、羅允枚、周夢
顏、王孟鄰、余鶴亭、
沈中旭、楊廣文、顧天
瑞、陸氏、俞氏、姜見
龍、沈炳、王恭

■ 苦、集、滅、道四聖諦

　苦、集、滅、道四聖諦，由於為聖者所證，所以稱四聖或四真諦，
是佛教的基本教義。

　⑴苦諦：苦泛指逼迫身心苦惱的狀態，苦諦即關於生死實是苦的真
諦。

　⑵集諦：集是指集之義。集諦即關於世間人生諸苦的生起及其根源
的真諦。

　⑶滅諦：滅即滅滅；斷除苦的根本——慾很，則得苦滅，可入於涅
槃的境界。

　⑷道諦：道諦是八正道的真諦。

中品中生

　　中品上生的修行人，到達極樂世界後蓮花立即開啓，當蓮花開敷之時，行者聽聞各種讚歎苦、集、滅、道四種聖諦法門的音聲，應時立即得證阿羅漢，成就宿住智證明、死生智證明、漏盡智證明等三明智慧及六種神通，具足八解脫。這是中品上生。

　　中品中生的修行者，是如果有眾生，在一日一夜之中受持八關齋戒，或是一日一夜之中受持沙彌戒，或是一日一夜中受持具足戒，而威儀戒法無缺。那麼以此功德，迴向祈願求生極樂國土，由這戒香的薰修，就可以修得上品中生的境界。

　　中品中生的修行者，在此生緣盡，命欲終時，見到阿彌陀佛與眷屬大眾放出金色光明，持著七寶蓮花來到行者面前。

　　這時行者聽聞空中有音聲讚歎道：「善男子啊！像你這樣一位善人，能夠隨順三世諸佛如來的教化，所以我現在前來迎接你。」接著行者就見到自己坐在蓮花之上，蓮花立即閉合起來，往生在西方極樂世界的寶蓮池中。

　　但是，繼續待在蓮池中的蓮花中，經過了七日，蓮花才會開敷；花既開啓之後，行者睜開眼睛，雙手合掌，讚歎阿彌陀佛世尊。

　　並且聞法歡喜，得證聲聞初果須陀含的境界，初預法流；經過半劫之後，成就阿羅漢的境界。這是中品中生的修

Amitābha
阿彌陀佛

➡️ **淨土聖賢錄**

§ 往生雜流：張鍾馗、張
善和、金爽、馮珉、吳
瓊、李彥通、黃生、徐
六公、沈三郎、師贊、
倪道者

§ 大善寺行童、張愛、吳
澆燭、吳毛、王仰泉、
梁維周

■ 念佛的十種功德

若人受持一佛名號者，當獲十種功德利益：

一、晝夜常得諸天大力神將，幷諸眷屬隱形守護。

二、常得二十五大菩薩如觀世音等，及一切菩薩常隨守護。

三、常為諸佛晝夜護念，阿彌陀佛常放光明攝受此人。

四、一切惡鬼、若夜叉、羅剎皆不能害，一切毒蛇、毒龍、毒藥悉不能害。

五、一切火難、水難、冤賊、刀箭、牢獄、杻枷、橫死、枉死、悉皆不受。

六、先所作罪皆悉消滅，所作冤命，彼蒙二，更無執對。

七、夜夢正直或復夢見阿彌陀佛勝妙色身。

八、心常歡喜，顏色光澤，氣力充盛，所作吉利。

九、常為一切世間人民恭敬、供養、禮拜猶如敬佛。

十、命終之時，心無怖畏，正念現前，得見阿彌陀佛幷諸菩薩聖眾，手持金臺，接引往生西方淨土，盡未來際，受勝妙樂。

中品下生

行者。

　　而中品下生的條件是，如果有善男子或善女人，他們孝養父母，在世間行世仁義，這人在命欲終時，遇到善知識為他廣說阿彌陀佛極樂國土中的種種喜樂之事，並為他講說阿彌陀佛的前生──法藏菩薩所發的四十八大願。

　　他聽聞此事之後，就立即命終。由於他具有極大的善根，此時，就好像一位壯士屈伸手臂般的奇快速度，立即往生西方極樂世界。

　　中品下生者往生極樂世界經過七日之後，會遇到觀世音及大勢至菩薩為他說法，他聞法歡喜，即得證初果須陀含，經過一小劫之後，成為阿羅漢，這是名為中品下生。

　　下品上生者能往生極樂世界。如果有眾生此生做了各類的惡業，雖然沒有誹謗大乘方等的經典，但是如此的愚人，卻多造了許多的惡事，而且沒有慚愧心。

　　這些惡人命欲終時，遇到了善知識，這些善知識為他讚嘆大乘經典的經題名字，因為聽聞這些諸經名號善報因緣的緣故，所以能除卻千劫的極重惡業。

　　這時，智善知識又教他合掌叉手，稱念南無阿彌陀佛。因為念稱佛名的緣故，除去五十億劫的生死之罪。

　　這時，阿彌陀佛即刻遣派化佛，或化作觀世音、化作大勢至菩薩，來到行者面前，讚嘆說：「善哉！善男子！你因為稱唸佛名的緣故，眾罪消滅，所以我前來迎接你。」

Amitābha

阿彌陀佛

■ 十二部經

　　乃佛陀所說法，依其敘述形式與內容分成之十二種類。即：(1)契經，以散文直接記載佛陀的教說，即一般所說的經。(2)應頌，與契經相應，即以偈頌重覆闡釋契經所說的教法。(3)記別，又作授記。本為教義的解說，後來特指佛陀對眾弟子的未來所作的證言。(4)諷頌，全部皆以偈頌來記載佛陀的教說。(5)自說，佛陀未待他人問法，而自行開示教說。(6)因緣，記載佛說教化的因緣，如諸經的序品。(7)譬喻，以譬喻宣說法義。(8)本事，載本生譚以外之佛陀與弟子前生的行誼。或開卷有「佛如是說」之經亦屬此。(9)本生，載佛陀前生修行之種種大悲行。(10)方廣，宣說廣大深奧的教義。(11)希法，又作未曾有法。載佛陀及諸弟子希有之事。(12)論義，載佛論議抉諸法體性，分別明了其義。

下品上生

　　說完此話後，行者就看見化佛的光明遍滿其房室之中，心中自然十分歡喜，即便命終。命終之後，乘著寶蓮花，隨著化佛身後，生在極樂世界的寶池之中。

　　下品上生的行人，待在極樂世界的寶蓮花中，經過七七四十九日後，蓮花才會開啓。當蓮花開敷時，大悲觀世音菩薩及大勢至菩薩身放廣大光明，安住在此人面前，爲行者宣說甚深十二部類的經典。

　　行者聽聞之後，心中生起信解，發起無上的道心，經過十小劫後，具足百法明門，得以證入初地的境界，這就是下品上生的人。行者有福報得以聽聞佛名、法名及僧名，因爲聽聞三寶之名，所以即得往生。

　　下品中生者，有些眾生如果毀犯五戒、八戒及具足戒，這些愚人，甚至偷盜僧伽的物品，並且不清淨爲名利而說法，而且沒有慚愧的心，以各種惡法，來自做莊嚴。如此的罪人，因爲惡業的緣故，應當墮入地獄之中。

　　但是這些人卻沒有墮入地獄，甚至往生極樂世界，都是由於他們在命欲終時，當地獄的眾種烈火，同時俱至之時，遇到了善知識，善知識以大慈悲心，爲他讚嘆宣說阿彌陀佛如來的十力威德，廣讚阿彌陀佛的光明神力，也讚嘆戒、定、慧、解脫知見等五分法身。

　　行者聽聞之後，除卻了八十億劫生死之罪，地獄猛火轉化爲清涼的風，吹著各類的天華，天華上都有幻化的佛菩薩

Amitābha
阿彌陀佛

➡ 淨土聖賢錄

§往生女人：王百娘、朱氏、陸氏、蔡氏、項氏、沈氏、鍾婆、梁氏女、黃婆、崔婆、陶氏、李氏

§盛嫗、黃氏、王氏女、褸氏、周婆、朱氏、裴氏女、孫嫗、秦嫗、蔣十八妻、沈嫗、孟氏

下品中生

下品下生

來迎接此人，在如同一念頃的時間中，即得往生七寶池中的蓮花之內。

　　他們在極樂世界中，必須經過六劫，蓮花才會開啟。當蓮華開啟之時，觀世音、大勢至菩薩用莊嚴的梵音，來安慰這個人，爲他宣說大乘佛法的甚深經典，他聽聞此法之後，應時即發起無上的菩提道心。這是下品中生者的因緣。

　　而下品下生者，是有些眾生，作了不善的業行，乃至於殺父、殺母、殺阿羅漢、破和合僧眾、惡心出佛身血等五逆十惡的重罪，具有各種不善的行爲，這樣的愚人，因爲惡業的緣故，應當墮入惡道，並且要經歷多劫，受苦無窮。

　　如此的人，在臨命終時，如果遇到善知識給予種種的勸導安慰，爲他宣說妙法，教導他念佛。但是這個人因爲痛苦逼迫，所以無法定心，不遑念佛。

　　這時善友就告訴他說：「你假若不能念佛的話，應當持名稱念歸命阿彌陀佛。」當他聽了之後，能夠至心持名聲音不絕，如此具足十念，稱誦南無阿彌陀佛。

　　因爲稱念佛名的緣故，在念念之中，除去八十億劫的生死之罪。因此，在命終之時，見到金色蓮花猶如日輪一般，安住在其人面前，接著宛如一念頃的時間中，即得往生極樂世界。

Amitābha
阿彌陀佛

➡️ 淨土聖賢錄

§ 往生女人：陳氏、胡
嫗、周氏、鄭氏、周
婆、張夫人、薛氏、方
氏、徐氏、許氏婦、于
嫗、潘氏、朱氏、祝
氏、張太宜人、楊選一
妻

§ 鍾氏、吳氏女、盧氏、
費氏、李氏、李氏、陳
嫗、張寡婦、陸寡婦、
楊氏、江氏、徐太宜
人、凌氏、余嫗、楊
嫗、余氏

居住在極樂淨土，都是由蓮花所化生

05 極樂世界的食衣住行

　　居住在極樂淨土都是從蓮華中化生，具足福德因緣的往
生者，他們具有微妙的音聲及神通功德，所居住的宮殿、衣
服、飲食，及各種淨妙華香莊嚴之具，更勝於欲界第六天的
自然天物。

　　如果這時有一位極樂世界的人，由於初生未久，還有分
段飲食的心理習慣，現在如果想要吃東西，這時七寶應供食
品的鉢，就自然的出現在他的身前。

　　不管是金、銀、琉璃、硨磲、瑪瑙、珊瑚、琥珀、明月
珍珠等各種珍寶所製成的鉢，都會隨著心意立即而至，而百
味的珍妙飲食也自然盈滿在鉢器中。

　　但是因為在淨土的居民此時的身心柔軟，已不再執著味
覺食物，所以飲食完畢之後，飲食鉢器就自然化去，便隨著
因緣需要而再度隨緣出現。

　　又，花、香、瓔珞、繒蓋、幢幡、微妙音聲、所居住的
房宅、宮殿、樓閣等等，也都能隨稱自己的心意而變化其形
色、高矮、大小。

　　任何珍寶或是一種、二種乃至無量珍寶，也都能隨自己
心意的趨向，相應自己的心念即至。

　　淨土居民皆具有神足，可以在一念頃中越過很多的他方

Amitābha
阿彌陀佛

➡ 淨土聖賢錄

§ 往生物類：鸚鵡、鴝
　鵒、白鸚鵡

極樂淨土的物質皆是由七寶所構成

佛土，何況是在本國中來往，所以，在淨土之行只要意念至即可到達，完全沒有障礙。

淨土眾生能夠承著佛陀威神力，去達他方世界供養諸佛，而且能在一念頃中遍至無量無數億那由他諸佛國。這更由於淨土清淨的緣故，而像明鏡鑑照一般，能照見十方無量無數不可思議諸佛世界。

而且如果隨意想見十方無量的嚴淨佛土，也都能相應心願而照見明睹。而且可以隨著心念，供養物品，如：花、香、伎樂、衣服、寶蓋、幢幡等等，無量供養品都能自然化生，應念即至。

至他方世界歌歎佛德，聽受經法而欣悅歡喜無量，如果想返回極樂淨土，即能快速輕舉返回極樂國土。

淨土的居民，在在處處都可以學習佛法，趨近佛法，所以極樂淨土處處皆是道場，沒有惡名、染著，更沒有引起惡念的地方，是法界宇宙中非常殊勝的佛法學園。

淨土中所有的物質構成是七寶，這些七寶如前所言都能照見諸佛國土，見到此種景象的人，都自然能發心行道，得大法益。不管是樓閣、館舍、宮殿、寶樹、寶池、階道等等均是如此莊嚴。而其中散發出的香味、聲音、光明在在都是殊勝上妙，能令眾生趨入於佛法之中。

阿彌陀佛爲諸聲聞、菩薩等大眾說法時，大家都會集合來到七寶講堂聽演妙法，大家都非常歡喜充滿，而且心解得

Amitābha
阿彌陀佛

➡ **東林十八高賢**

§ 慧遠法師、慧永法師、
慧持法師、道生法師、
曇順法師、僧叡法師、
曇恒法師、道昺法師、
曇詵法師、道敬法師、
佛馱耶舍尊者、佛馱馬
跋陀羅尊者、劉程之、
張野、周續之、張詮、
宗炳、雷次宗。

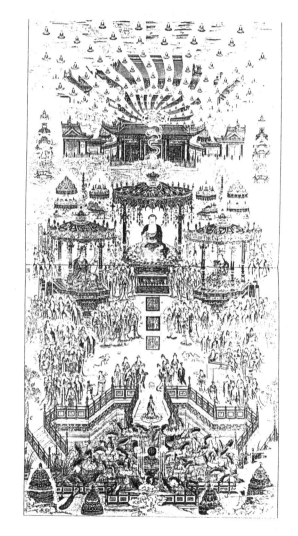

極樂淨土的無量功德，常為諸佛所共同稱歎

道。此時四方會自然風起吹七寶樹，無量妙華也隨風四散，不絕地莊嚴道場，供養在場佛菩薩。一切天人也散百千華、香、萬種音樂來供養大眾。

在淨土中的菩薩在可以講法宣道之時，即可辯才無礙，無違無失的宣說。對於國土中的所有萬物，都沒有「我所有」的念頭，沒有染著執著的心，來去留走皆不會牽係執情，而能隨意自在，無處不自得。

無彼無我，沒有競爭詐欺。對一切眾生能生起大慈悲心，利益他人，柔潤調和，無忿恨心，無厭怠心。

有清淨心、平等心，最勝心、深心、定心、愛法、樂法、喜法之心，滅諸煩惱、離惡趣心。他們都能修諸善本，志崇佛道，知一切法，皆得寂滅。如此這般的無量功德，常為諸佛所共同稱歎。

第二部

祈請阿彌陀佛的守護

一心稱念「南無阿彌陀佛」，無量光明壽命的阿彌陀佛，護佑我們平安吉祥。

第一章 如何祈請阿彌陀佛守護

南無阿彌陀佛

南無阿彌陀佛法

南無極樂世界賢聖眾

我們想要祈請阿彌陀佛守護，首先一定要歸依阿彌陀佛。皈命阿彌陀佛之後，再來要使我們的心與阿彌陀佛的心相應，因此我們要修習念佛法門。

念佛的主要精神，就是在於「與佛相同」，學習與佛相應，也就必須學習像佛一樣發心，學習佛的智慧、慈悲、圓融、願力，學習像阿彌陀佛一樣，他建立淨土廣化眾生，讓眾生得以安穩自在修行。

因此，我們也應該當下淨化整個周遭環境，身體力行，隨時隨地讓眾生安穩，不管何時何地都安住在阿彌陀佛的慈悲智慧中，圓滿阿彌陀佛的誓願，甚至發起比阿彌陀佛更大的願力，這是我們與阿彌陀佛相應最重要的精神。

除此之外，我們還要發願往生極樂淨土。發願是策勵動力的重要因素，所以發願是很必要的，即使我們目前認為可能無法達成，但是仍然要有願。

願不是壓力，而是希望，有廣大光明的願，就能改變整

個心，甚至改變我們的整個身心與外在的環境。

若有人已經發願，或是現在發願，或是未來將要發願，發起往生阿彌陀佛淨土的願，就如經上所說：

「若有人已願發，今發願、當發願，欲生阿彌陀佛國者，是諸人等，皆得不退轉於阿耨多羅三藐三菩提，於彼國土若已生、若今生、若當生。是故舍利弗，諸善男子女善女人，若有信者，應當發願生彼國土！」

所以，根據經典的說法，不管現在、過去、未來願往生淨土的眾生，這些人都能不退轉於阿耨多羅三藐三菩提（無上正等正覺），並且也都能夠已經出生、將要出生生、當生於極樂世界。

此外，在阿彌陀佛所發的四十八大願中，其中有三個大願是：

「設我得佛，十方眾生，至心信樂欲生我國，乃至十念；若不生者，不取正覺！唯除五逆、誹謗正法。」

「設我得佛，十方眾生發菩提心，修諸功德，至心發願欲生我國，臨壽終時，假令不與大眾圍遶現其人前者，不取正覺！」

「設我得佛，十方眾生聞我名號，係念我國，殖諸德本，至心迴向欲生我國；不果遂者，不取正覺！」

基於阿彌陀佛這三個弘偉的誓願；因此，在阿彌陀佛成佛之後，任何人只要具足信願行，如法念佛，一定能得到阿

彌陀佛的接引，而往生眞善美聖的極樂蓮邦！

如果我們想要祈請阿彌陀佛守護，在日常生活中，我們應當依止阿彌陀佛，以阿彌陀佛的正見爲見地，以阿彌陀佛的修持爲修持，以彌陀的勝行爲己行，並圓滿證悟成就彌陀世尊。

以下我們開始進入祈請阿彌陀佛守護的方法，在練習前，若能具足下列的原則，更有助益於練習。

1. 皈敬佛、法、僧三寶，一心不退。

2. 讓自心堅住於佛法，並隨力了悟諸行無常、諸法無我、涅槃寂靜等三法印，常聽聞、思惟佛法，以八正道、六波羅蜜爲生活重心。

3. 以大悲心來發起誓願，安住於無上菩提心永不退轉。

4. 現前觀空，了悟一切法界、境界如幻。

5. 信願勤行，念佛、如佛、是佛，心靈清淨、行業清淨、土地清淨。

6. 視一切眾生如父、如母。

01 阿彌陀佛的每日修持法

每日恆修阿彌陀佛的法門，與佛陀日日有約，一定可以獲得阿彌陀佛的慈悲護佑，成就我們無量壽命、無量光明的境界，增長福德智慧，避免非時而死，往生極樂世界。

阿彌陀佛的莊嚴法相

修學者可以在每天清晨醒來，盥洗之後，或任何合宜的時間，選擇一個安靜的地方，以清淨的身心，練習以下與阿彌陀佛相應的方法。

練習之前，不妨先蒐集阿彌陀佛的各種微妙莊嚴的法相，然後選擇自己最喜愛、相應的法相。如果家中有佛堂，則將之恭置於案桌上；外出時則可將法相縮小，攜帶出門。

阿彌陀佛相應法㈠

1.選擇莊嚴法相後，於法相前，雙手合掌恭敬禮拜阿彌陀佛。

2.清楚觀察阿彌陀佛，並思惟阿彌陀佛的慈悲、智慧及其種種殊勝的功德大願，然後將其莊嚴身相、偉大功德都明晰地烙印於心中。

3.然後，想像從阿彌陀佛的心中，放射出無盡無量的光明，光明注照著我們，將我們一切的障礙、煩惱、苦惱、迷惑、無知、無明都完全在光明之中消融了。頓時，我們的身體、語言、心意都清淨了，慈悲、智慧、福德自然地在我們心中，不斷的增長。我們就安住在無盡的光明之中。

4.接著，我們可以合掌稱念「南無阿彌陀佛」至少一百八遍以上，愈多愈好，平時在心中亦可默念誦持佛號，阿彌陀佛的加持佑護功德不可思議。就如同《大悲心陀羅尼經》中記載：「稱我本師阿彌陀佛，常須供養，專稱名號，得無量福，滅無量罪，命終往生阿彌陀佛國，如來授手，摩頂告

言：汝莫恐怖，來生我國。」

阿彌陀佛相應法(二)

另一方法是有如寺院作早課的方法一般，於每天早晨起身、盥洗之後，於佛像或佛經之前，面向西方端正站立。

唱誦「歸依佛」一拜，唱誦「歸依法」一拜。唱誦「歸無僧」一拜。

唱誦「南無本師釋迦牟尼佛」一拜，唱誦「南無彌勒菩薩」一拜，唱誦「南無普賢菩薩」一拜。唱誦三遍「南無西方極樂世界大慈大悲阿彌陀佛」三拜。

然後以長跪的姿勢、或是端坐、或是保持端正站立；或發出聲音朗念、或澄心念誦「阿彌陀佛」四字，念完，再唱誦「南無西方極樂世界大慈大悲阿彌陀佛」一拜，唱誦「南無觀世音菩薩」一拜，唱誦「南無大勢至菩薩」一拜。

接著誦念發願偈曰：「願生西方淨土中，九品蓮華爲父母，花開見佛悟無生，不退菩薩爲伴侶。」

依此方法每天練習，當我們命終時決定可以往生安養世界。如果有時出門在外，不方便供像禮拜者，可以向西方合掌，稱念阿彌陀佛，再誦念偈迴向。

每天可以固定時間練習，次數以日日增加爲佳，最好不要減少。

阿彌陀佛相應法(三)

此外，於任何時間，於任何處所，隨著任何因緣，不管

我們作任何事情，在行、住、坐、臥時，語默動靜之時，所有的見聞覺知，色、聲、味、觸，心有所意念，或是意有所觀，即是攝持六根（眼、耳、鼻、舌、身、意）來稱念「南無阿彌陀佛」。

若看人殺生而不能前往救助時，當稱念「南無阿彌陀佛」，幫助度其識神往生安樂。若遇到病人而沒有能力救護時，當念「南無阿彌陀佛」來幫助他，釋放他的悲痛而生起安樂之心，並須為他廣說阿彌陀佛國土的安祥快樂之事，及阿彌陀佛的願力，勸其專念求得往生極樂世界。

當我們無事休閒之時，可以稱念「南無阿彌陀佛」，讓我們的心情保持寧靜安住念佛而不胡思亂想。以此類推，無非是「南無阿彌陀佛」的清淨心念相續不斷而已。

隨時隨地稱念佛號：「南無阿彌陀佛，南無阿彌陀佛……」念至如同《阿彌陀經》講的：「若一日、若二日、若三日……乃至若七日一心不亂念佛。」

隨時隨地於二六時中、一天二十四小時就如是念佛，與阿彌陀佛相應。念到自己的潛意識中，甚至在睡夢中、被別人掐脖子時，仍然可以脫口念出「阿彌陀佛」。任何時刻心中都是「阿彌陀佛」，隨時隨地都是心念阿彌陀佛。

以上「與阿彌陀佛相應法」除了每天固定練習之外，如果能時常隨著因緣，保持稱念阿彌陀佛，則命終之時定能往生極樂世界。

02 阿彌陀佛的真言、種子字、三昧耶形與手印

　　我們除了平常可稱念佛號之外，亦可以選擇阿彌陀佛的真言來誦持，就真言本身而言，一般只是依其音譯來持誦，因為在如是的因緣中唱誦如是的咒語，除了真言的義理外，也蘊含了真心所產生的特殊作用，所以我們模擬其音聲是有原因的。

　　所以我們所發出的咒語的音聲愈接近原來的音聲愈理想，假若在唱誦咒音時，能感受、體會到佛菩薩的願力及悲心，那麼真言的力量當然就更強。

　　以下我們來念誦阿彌陀佛的咒語。

阿彌陀如來根本陀羅尼（又名十甘露咒）

　　曩謨① 囉怛曩怛羅夜耶② 娜莫③ 阿哩野④ 弭路婆耶⑤ 怛他蘗多耶⑥ 囉曷帝⑦ 三藐三勃陀耶⑧ 他彌也他⑨ 唵⑩ 阿密㗚帝⑪ 阿密㗚姤婆吠⑫ 阿密㗚多三婆吠⑬ 阿密㗚多蘗吠⑭ 阿密㗚多悉帝⑮ 阿密㗚多帝際⑯ 阿密㗚多尾訖磷帝⑰ 阿密㗚多尾訖磷多誐弭寧⑱ 阿密㗚多誐誐曩吉迦隸⑲ 阿密㗚多嫩擎枇婆嚩咿隸⑳ 薩縛羅陀薩陀寧㉑ 薩縛羯磨㉒ 訖禮捨㉓ 乞灑孕迦隸㉔ 莎訶㉕

Amitābha

阿彌陀佛

① ② ③ ④ ⑤ ⑥ ⑦ ⑧ ⑨ ⑩ ⑪ ⑫ ⑬ ⑭ ⑮ ⑯ ⑰ ⑱ ⑲ ⑳ ㉑ ㉒ ㉓ ㉔ ㉕

namo① ratna-trayāya② nāmaḥ③ Ārya④ mitābhāya ⑤ tathāgatāya⑥ arhate⑦ samyaksaṁ buddhāya⑧ tad-tathā⑨ oṁ⑩ amṛte⑪ amṛtōdbhave⑫ amṛta-saṁbhave⑬ amṛta-garbhe⑭ amṛta-siddhe⑮ amṛta-teje⑯ amṛta-vikrānte⑰ amṛta-vikrānta-gāmine⑱ amṛta-gagana-kirtikare⑲ amṛta-duṁdubhi-svare⑳ sarvārtha-sādhane ㉑ sarva-karma ㉒ kleśa㉓ kṣayaṁ-kare ㉔ svāhā㉕

歸命① 三寶② 敬禮③ 聖④ 無量光⑤ 如來⑥ 應供⑦ 正等覺⑧ 所謂⑨ 唵（三身具足之義）⑩ 甘露⑪ 甘露發生⑫ 甘露生⑬ 甘露藏⑭ 甘露成就⑮ 甘露威光⑯ 甘露神變⑰ 甘露騰躍⑱ 甘露等虛空作⑲ 甘露好音⑳ 一切義利成就㉑ 一切業㉒ 煩惱㉓ 盡滅㉔ 成就㉕

往生咒

　　南無①　阿彌多婆夜②　哆他伽哆夜③　哆地夜他④　阿彌利都婆毗⑤　阿彌利哆　悉耽婆毗⑥　阿彌利哆　毗迦蘭諦⑦　阿彌利哆　毗迦蘭哆⑧　伽彌膩⑨　伽伽那　枳多　迦隸⑩　莎婆訶⑪

namo①　amitābhāya②　tathāgatāya③　tadyathā④　amṛtodbhave⑤　amṛta-siddhaṃbhava　⑥　amṛta-vikrānte⑦　amṛta-vikrānta　⑧　gāmine⑨　gaganakirta-kare⑩　svāhā⑪

　　歸命①　無量光（阿彌陀）②　如來③　即說咒曰④　甘露所生者⑤　甘露成就所生者⑥　具甘露神力者⑦　甘露神力者⑧　前進（或到達）⑨　願名滿天下⑩　成就⑪

小咒

　　唵①　阿彌利陀②　底勢③　可羅④　吽⑤

oṁ①　amrita②　teja③　hara④　hūṁ⑤

　　歸命①　甘露（不滅）②　威光③　運用④　能生⑤

阿彌陀佛

種子字

　　種子字又稱爲種子、種字種子，本來是借用草本的種子爲比喻，具有「自一字可生多字，多字復可賅攝於一字」之意。所以「種子」一詞，含有引生、攝持之義。例如合十字爲一句，如果以第一字爲種子字，則可依此而引生下面九字所具有的觀智，同時此九字的意義亦可攝入第一字。

　　所以種子之中具足了全體一切的精華。而諸佛菩薩的名稱、心要精華等，以單一的梵字顯示，這就是種子字。

　　阿彌陀佛的種子字有：

　　　　夷（aṃ）或 **म**（saṃ）或 **ꣾ**（hrīḥ）

阿彌陀佛種子字的寫法範例

三昧耶形與手印

三昧耶是指誓句之意，而諸佛菩薩或諸尊的本誓，在密教中通常以三昧耶形來表示，而三昧耶曼陀羅（壇城）則是以各種形象來表達諸尊的本誓。

阿彌陀佛的三昧耶形，是為八葉紅蓮花。

阿彌陀佛的三昧耶形

Amitābha
阿彌陀佛

　　一般我們常看到的阿彌陀佛的手印有兩種，一種是定印，一種是接引印。下圖是九品九生印，其中上品上生的手印是最常用的。

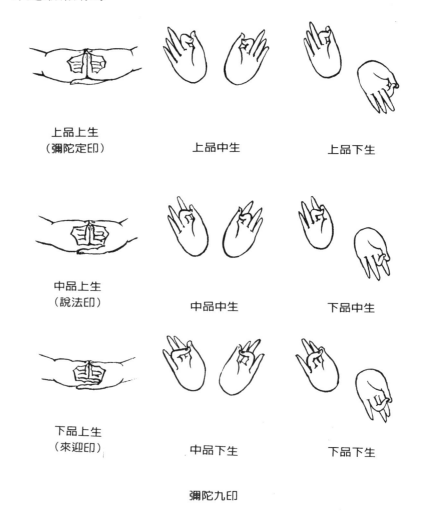

上品上生
（彌陀定印）　　　　　上品中生　　　　　上品下生

中品上生
（說法印）　　　　　中品中生　　　　　下品中生

下品上生
（來迎印）　　　　　中品下生　　　　　下品下生

彌陀九印

03 念佛的方法

　　在現代，稱名念佛的法門大量流行，而其他念佛法門幾乎不流行了，念佛法門可說是修學阿彌陀佛的重要下法，因此以下將念佛方法全部介紹，讀者可依自己的需求，選擇一種念佛方式作爲根本的練習。

稱名念佛

　　念佛方法中最常聽到，也最易接觸的是：稱名念佛。稱名念佛可分爲兩種：一是散心稱名念佛；一是定心稱名念佛。最早期稱名念佛是單念「南無佛」，因爲「佛」本身就具有著無量無邊的意義。之後，十方佛才慢慢傳誦出來，所以有稱誦十方佛名號的情形。

　　「散心稱名念佛」是以散亂的心稱念佛，即不定期限，不調作法，不觀想佛身的相好莊嚴，不分時間、處所、所緣之事等，僅以散亂之心口唱名號。

　　所以，當我們在稱念佛號的時候，一定要了解自己所念的佛陀的本願，自己的本心要與佛陀的本願相應，如此一來，念佛才會特別有功德。

　　再則，與散心念佛之對稱是「定心稱名念佛」，定心稱名念佛語出《文殊師利所說摩訶般若波羅蜜經》（簡稱《文殊般若經》）。

Amitābha
阿彌陀佛

觀相念佛：觀想阿彌陀佛的莊嚴法相來練習

　　這念佛法門是「端身靜坐，隨佛方所」，而「隨佛方所」是隨著佛陀所在方向，這方向主要是建立在心理層次的範疇。人類生存的所在——地球，是跟著太陽運轉，因此我們的方位隨時都在變化，所以西方並不是固定不動的西方，而我們心中所認定的西方，這是建立在心理層次的範疇；因為我們的心中認為阿彌陀佛在西方，所以在心理上也建立了一種方位的感受，也因而產生了一些力量。

　　要稱念一尊佛的名號，建議大家先研究此佛陀的願文，倘若沒有研究其願文，雖然我們在稱名念佛的時候仍有其功德，但其效應恐怕只有千百億分之一。所以，我們在稱名念佛時，不僅要發與那尊佛同等的願力，甚至要發起比他更大的願心。

　　我們稱念阿彌陀佛時，是希望往生西方淨土，因此對於阿彌陀佛的四十八願要有深刻了解，然後端身正坐，稱念「南無阿彌陀佛」，如此才能真正與佛陀相應。

　　「定心念佛」是一種捷徑念佛的方法，一般而言是修習三個月，端坐念佛九十天，在九十天裡一心不亂地相續念佛，除了上廁所、吃飯之外，都在端坐念佛。

　　以上的念佛方式，還沒有到達菩薩念佛三昧的境界，在《文殊般若經》裡記載的念佛三昧是要「繫緣法界，法界一相」。也就是我們要認清整個宇宙法界的真理實相是無我、無他，沒有內外的差異，積我空、法空、諸佛皆空。總而言

之，當我們在念佛時，只是如實的念佛。

當我們修學念佛的方法很熟練時，如果我們端身靜坐稱念阿彌陀佛，阿彌陀佛就如實現前了，甚至他還可以教授我們法門，甚至我們的身心也可以進入阿彌陀佛的極樂世界。

當這樣的境界現前時，千萬不要執著，若有一點點執著生起，便會產生有偏離的現象產生。因此大家要明白：佛沒有來，也沒有去，這一切不過是一法界的如實相而已。

所以要了知一切現空如幻，不要執著境界，不執著境界即是不落入境界，因此這屬於智慧的內容。

觀相念佛

觀相念佛有二種層次，一種為觀相，一種為觀想。觀相念佛基本上來自眼睛觀察事物，我們的眼睛清楚觀察佛像，然後將「佛」植入心中，不僅是佛的相入於心中，更讓「佛」的意念深住於心中，這就進入觀想念佛的層次。

接著，並且了知佛的本質是性空的，由於性空的緣故，因此佛能具足三十二相、八十種好；雖然我們是凡夫身，但是我也和佛一樣都是如幻的，所以我們也能夠具足三十二相、八十種好。

然而佛陀今為什麼具足三十二相、八十種好，其種種相好都是因為佛陀具足無邊的功德與無邊的智慧。

我們剛開始練習時，可選擇自己喜愛的阿彌陀佛莊嚴法相來觀想練習。雖然繪畫的佛像與真正的佛陀有所差別，但

基本上還是會掌握到佛身的原則，仍然有部分的共同點存在，所以我們可依照莊嚴法相來觀想練習，當我們觀想純熟，愈觀愈清楚，定能日漸增長，而證得現見佛陀的境界。

功德法身念佛

如果以上的稱名念佛法門或觀相念佛法門，練習起來不相契合；或許你是屬於喜歡思索或學習佛陀的智慧與慈悲的類型，如此則可藉由思惟佛陀的功德法身的方法來練習，這是所謂的功德法身念佛。

首先我們來了解什麼是「法身」？在早期法身是指五分法身，這五分法身的由來可以追溯到佛陀的時代，佛陀的兩大弟子舍利弗與目犍連，他們都先佛陀而去。

由於舍利弗教導很多人，頗受人們尊敬，當他圓寂時，許多人都傷心地去找阿難，阿難也很難過，於是跟佛陀說：「唉！舍利弗一生修持得那麼好，但就這樣走了，實在是令人悲傷不已。」

釋迦牟尼佛向阿難說明道：「舍利弗尊者雖然走了，但他的戒、定、慧、解脫、解脫知見還是存在。戒是他的守戒清淨，定是他的修學圓滿，慧是他的智慧無雙；解脫是由戒、定、慧的修持，達到解脫生命的纏縛，他已經自由了；解脫知見是要達到解脫所有歷程的知見，而他都完全了知。」所以這戒、定、慧、解、脫、解脫知見就成為五分法身。

功德法身念佛就是運用這樣的方法，我們思惟阿彌陀佛的戒、定、慧、解脫、解脫知見，彌陀世尊具足一切種智、偉大的十力、四無畏、大慈大悲、四十八願種種功德，思惟這些種種功德內容，就是功德法身念佛。

而我們要了解，稱念一位佛陀的功德，其實是等於稱念無量無邊諸佛的功德，因為一佛的功德跟法界的功德同等。

實相念佛

實相念佛是以宇宙的究竟真理實相來念佛，當我們見緣起時，即見法；見法空時，即見真實的佛陀。在佛教經典《小品般若經》裡說：「無憶故，是名念佛。」就是我們直觀父母所生身、功德、緣起都是無自性的，了知一切是無自性，整個法界是無自性，法界無自性即是佛，這就是實相念佛。

要對實相念佛的方法有更深刻的了解，建議大家可以閱讀《金剛經》，《金剛經》記載：「若以色見我，以音聲求我，是人行邪道，不能見如來」，「見一切諸相非相，即見如來。」

所以我們可以了知一切諸相非相，即是見到佛陀的真實法身，因此觀空即是見佛，這即是實相念佛。

法界念佛

「法界念佛」摘自本社出版的「佛經修持法」，這個方法融合了「空無自性」、「稱名念佛」與「身體氣脈」的修

法。

「法界念佛」的基本口訣是：不假循誘，純任自然，脫念而出。

這個法門的步驟：首先，於法界空無所有虛空幻身中，尋找一定點，這定點是虛幻身整個生命能量的發起處，即是密宗所謂的海底輪，海底輪是我們身體正中央與臍下四指交會處。

之後，彌陀淨土行者就由海底輪開始稱念「南無阿彌陀佛」，從自心中生起淨信地稱念阿彌陀佛，並與其願力相結合，生起與阿彌陀佛同樣的悲心。阿彌陀佛的佛號從海底輪，沿著身體中脈正中央，念念升起，緩緩而上。

因阿彌陀佛有大慈悲與大願力，具足了身、心兩種力量，所以依此方法練習，可以同時除掉身、心的糾纏脈結。

當我們心念清楚時，氣脈便會無限順暢，而身體就完全地放鬆，整個身體就變鬆、變柔了，從內柔到外柔，整個心、氣、脈、身、境都柔化了。

因此，我們的身體，由內而外具足五個層次——心、氣、脈、身、境，當我們的心念很清楚：「阿彌陀佛……」，當心念清楚時，便可以除掉心的一切障礙；而使「阿彌陀佛」這個心念活動的力量就是氣。

我們念佛是由心而發，再依氣而動，從脈而走，安住於身中，到境時則無邊擴大。也就是我們現在心安住在阿彌陀

佛的大悲願海裡，自然念阿彌陀佛，使氣開始往上走，注意脈是柔的，充滿其中佛，如此念佛則能打開身體三脈七輪所有的脈結。

接著，佛號從整個中脈向外一直擴張到每一個器官、每條血管，乃至每個細胞，而使全身產生共鳴共念阿彌陀佛，然後佛號再從整個身體向外擴張到宇宙。

到最後整個宇宙一起共念阿彌陀佛。這時已經不必定在一點，因為宇宙的一切都是在念阿彌陀佛，到最後要收攝時，將一切念、一切光明回歸到自心心輪（身體正中央與兩乳交際）。

法界念佛法

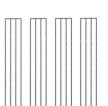

台北郵政第 26～341 號信箱

廣告回信
台灣北區郵政管理局登記證
北台字第8490號

（請填寫郵遞區號）

地址：

姓名：

全佛文化事業有限公司　收

讀者服務卡

謝謝您購買此書，如您對本書有任何建議或希望收到最新書訊、法訊與相關活動訊息，請郵寄或傳真寄回本單。（免貼郵票）

姓名：＿＿＿＿＿＿＿＿＿＿＿＿＿＿　性別：□男 □女

電話：＿＿＿＿＿＿＿＿＿＿＿＿＿＿　手機：＿＿＿＿＿＿＿＿＿＿＿

出生日期：＿＿＿＿年＿＿＿月＿＿＿日 婚姻狀況：□已婚 □未婚

住址：＿＿＿＿＿＿＿＿＿＿＿＿＿＿＿＿＿＿＿＿＿＿＿＿＿＿＿

E-mail：＿＿＿＿＿＿＿＿＿＿＿＿＿＿＿＿＿＿＿＿＿＿＿＿＿

法門傾向：□顯宗 □密宗 □禪宗 □淨土 □其他＿＿＿＿＿＿＿

學歷：□學生 □自由業 □服務業 □大眾傳播 □金融商業 □資訊業
　　　□生產製造 □出版文教 □軍警公教　□其他＿＿＿＿＿＿＿

■您所購買的書名：＿＿＿＿＿＿＿＿＿＿＿＿＿＿＿＿＿＿＿＿

■您如何購得此書？

　　□書店＿＿＿＿＿＿縣(市)＿＿＿＿＿＿＿書店

　　□網路平台(書店)＿＿＿＿＿＿＿＿ □其他＿＿＿＿＿＿＿＿

■您對本書的評價（請填代號1.非常滿意 2.滿意 3.尚可 4.待改進）

　　□定價 □內容 □封面設計 □版面編排 □印刷 □整體評價

■對我們的建議：＿＿＿＿＿＿＿＿＿＿＿＿＿＿＿＿＿＿＿＿＿

＿＿＿＿＿＿＿＿＿＿＿＿＿＿＿＿＿＿＿＿＿＿＿＿＿＿＿＿＿＿

＿＿＿＿＿＿＿＿＿＿＿＿＿＿＿＿＿＿＿＿＿＿＿＿＿＿＿＿＿＿

全佛文化事業有限公司
TEL:886-2-25081731 FAX:886-2-2508-1733
http://www.buddhall.com.tw

04 如何往生極樂淨土

　　阿彌陀佛的極樂淨土是眾多淨土中，與娑婆世界的我們最為有緣的世界，且極樂淨土是一切行持中最重要、最根本的，所以娑婆世界的淨土行人，大部分都選擇往生極樂淨土。以下我們臚列往生極樂世界的修持心要：

　　1.想要前往極樂世界，首先要對阿彌陀佛與極樂世界產生深切決定的信願，因為只有從決定的信心中才能產生決定的願力，決定今生往生極樂世界。

　　2.要往生極樂世界要先厭離我們所生存的五濁娑婆世界，而欣羨阿彌陀佛淨土的一切。了知娑婆世界是生死輪迴現前的世界，深信生死輪迴的可怕，並且了悟生死輪迴的可悲、可苦、可惱，深信因緣果報必如影隨行，沒有人能於因果之中脫逃。由於厭離娑婆世界，而信願極樂世界。

　　3.當我們對於所生存的娑婆世界產生厭離之心後，對於自心要有深刻的體悟，了悟宇宙的真實現象，體解我們的自心是空的，因為是空性的緣故，所以能夠含容一切，十方世界都可以在一念之中含攝，有了這樣的理念，我們才能往生極樂世界，否則極樂世界那麼遙遠，我們如何往生呢？

　　此外，我們也要深信極樂世界是極為美妙而不可思議的，依報的莊嚴不可思議，正報阿彌陀佛功德巍巍，是我們

的親導師、教化者，能夠給我們最深最妙的救濟，使我們能夠圓滿，成就最殊勝光明的淨土莊嚴。這莊嚴是由如實的境界當中，如實的因緣中一心所圓證的，所以我們只要具足這樣的心念，也能具足如此依正的莊嚴。

4.我們要深信諸佛是沒有妄語的，所以阿彌陀佛要攝受眾生的慈悲大願亦沒有虛妄。因此，我們要真實的決定：不退轉地修持。深信念佛不可思議，念佛法門不可思議，我們稱名、憶念阿彌陀佛的名號，即能消除一切障礙。

因為深信阿彌陀佛的緣故，而且具有正信正念，所以深信一定能往生阿彌陀佛極樂世界。

在臨命終時，阿彌陀佛會來接引我們，我們應生起對彌陀及其淨土決定的信心、信仰，及往生淨土不壞的信心。

5.從不壞的信心中，生起決定的信願，我們到極樂世界是了去生死，消除生死的苦惱，不再入於輪迴；而且等入於極樂世界後，甚至可以發願再回來娑婆世界，度化有緣的眾生，回報眾生的大恩，也因此決定要往生極樂，決定要發起眾生無邊誓願度，煩惱無盡誓願斷，法門無量誓願學，佛道無上誓願成的四弘誓願。

6.決定要與阿彌陀佛同樣發起四十八願，與他同心同願同行，也因此能幫助我們現前往生極樂淨土，也要在娑婆世界度化眾生一起往生極樂，使我們大家在極樂相會，這也是淨土行者重要的修行之路。

7.此外，我們不但要斷除自心的煩惱，也要幫助眾生斷除煩惱，所以自心要念念念佛，也要教化一切眾生念念念佛，安住在念佛三昧、具足清淨無染的境界之中。

8.再則，我們還要修習阿彌陀佛的一切妙法，實踐他的一切菩薩行願，最後證得無上的佛道，跟阿彌陀佛一樣無量光明、無量壽命，也要使一切眾生都能如同阿彌陀佛具足光明、壽命無量。

9.我們要依學發起阿彌陀佛的四十八大願，甚至發起更廣大的無上菩提心，隨順阿彌陀佛廣大的悲心，生起決定的誓願，則必然決定往生。

10.當我們決定信、願，就要決定行，而如何來行彌陀道？如何來行極樂淨土之道呢？首先，要隨時隨地一心憶念阿彌陀佛，念念阿彌陀佛，念念都要無染著的清淨，從無生的心中念阿彌陀佛，念念清淨，這是淨土行中最根本之行。

11.接著，在日常生活中，行住坐臥中時時憶念阿彌陀佛，心念生起時是阿彌陀佛，心念寂滅時是阿彌陀佛，念念無間是阿彌陀佛，念到最後，隨著心念脫口而出就是阿彌陀佛，所有心意念中都是阿彌陀佛，心清淨無染著，一切法性同體清淨皆是阿彌陀佛，這是我們的妙行。

12.練習到最後，不只是我們念阿彌陀佛，阿彌陀佛也念著我們，互相交攝無二，佛我眾生無差別，這樣的決定之行，必然是決定往生極樂世界。

13.決定行後，將信願行消融，生起智慧，了悟阿彌陀佛的體性，了悟阿彌陀佛的妙行，了悟如何現生極樂、了悟隨順阿彌陀佛來教化眾生。

我們了知一切諸佛皆安住法爾本然，阿彌陀佛亦在法爾本然的寂靜境界中，以無所得而現前成佛，不能以有所得的心來憶念阿彌陀佛，也不能以有所得的心來往生極樂國土，要了悟一切現前無所得，一切現前法爾本然寂靜，如此就能往生極樂世界的法性土。

14.整個極樂世界是法性出生清淨圓滿的示現，這一切是為了要給予一切眾生大安樂，從清淨的體性中出生大慈體性，使眾生能得安樂、安住，其正報、依報也都安住在如如的法性境界中，這就是阿彌陀佛的根本境界，也是我們要親見的，具足如此的智慧、智眼，就能親見這樣的真實境界。

15.在法爾無生中發起大悲願，攝持一切有情到極樂世界，這是阿彌陀佛廣大不可思議的深願，他如此的攝受我們，我們若能如此體悟時，也就如實地被攝受，與他相應，就能如實地出生在常寂光土中。

16.我們必須體悟：心、佛、眾生三者本來就是法爾無二的。如果能夠如實清淨了悟，毫無錯謬，則眾生體性即是現前極樂，即是現前的無量壽，與彌陀本然無二。

就這樣決定現生極樂，決定隨順阿彌陀佛世尊，決定救度廣大無量眾生，往生極樂世界。

05 往生極樂世界日常檢測方法

　　此外，我們不僅將往生極樂淨土的心要，落實於日常生活之中，並臚列以下往生極樂世界日常檢測方法，以方便讀者自我檢測。

　　1.當我們從清晨覺起，從法界性海無量光明的大悲體性當中覺醒，覺起一念即爲阿彌陀佛。如果未能醒覺一念爲阿彌陀佛，即應檢討自己的心，並念念相續憶念阿彌陀佛。

　　2.檢視自己，是否在醒覺的一念即爲阿彌陀佛，並檢點自心是否有決定往生極樂淨土的願心。

　　如果沒有決定往生極樂淨土的願心，即應當自我懺悔檢討，並思惟：是否能夠決定在當下一念前往極樂淨土？如果沒有往生極樂世界的決定信心，即應當多多念佛、自我檢討。

　　3.生起對阿彌陀佛的無上信心，這不只心心憶念阿彌陀佛，更深信阿彌陀佛大悲心切，護念於我等，並決定攝受吾等往生西方極樂國土。

　　4.了知法界現前性空如幻，阿彌陀佛與極樂世界皆同住於法界體性光明之中。由於阿彌陀佛、極樂世界相應相攝，現前加持的緣故，我們應當現觀：在往生極樂淨土之前，即現前安住在如幻的極樂世界之中。

在娑婆世界一切眾生，及與我們相處的家人、親友、同事，在體性中與極樂世界及其聖眾不一不異。而由如幻的現觀中，我們所生活的世界即宛如極樂淨土一般，我們周遭的一切眾生即成為極樂世界的賢聖眾。

在這樣的如實觀察中，不只使我們的淨業得以增長，甚至修行殊勝的行者，現生於極樂淨土。並能依恃阿彌陀佛大威神力，加持娑婆世界，使之趨向清淨終成人間淨土，並使家人、親友、同事等眾生種下淨土因緣。

5. 在行、住、坐、臥、動作及語言時，都能相續不斷的念佛。一切歷緣對事，都能以阿彌陀佛的心念來善觀一切，是心是佛，是心作佛，完全與阿彌陀佛一如，成為阿彌陀佛的使者。面對色、聲、香、味、觸、法六種塵境，都能現觀為極樂世界的空色、法音、妙香、勝味、淨觸、正法。而生起的見、聞、嗅、味、身觸、意念等六種覺受，都宛如身在極樂世界的微妙清淨覺受。

6. 身心恆常安住於極樂世界之中，將一切所行功德資糧迴向於往生極樂淨土。日常生活任何所行，都依止於阿彌陀佛的觀點實踐。在日常生活中，行者為提醒自身，可隨身攜帶阿彌陀佛法照、極樂淨土佛卡，我們在日常生活中，如果遇事需思惟處理時，可以觀想思惟：

在極樂世界中此事當如何處理？阿彌陀佛會如何處理這種情形？

卡片背後並寫下與阿彌陀佛的相關經句或是修行偈誦，幫助我們日常恆修。

7.恆常書寫、供養、布施、諦聽、閱讀、受持、廣說、諷誦、思惟、修習往生西方極樂淨土相關經典。

8.除個人相續念佛之外，應當常集合大眾，學習慧遠大師白蓮結社一般，集會念佛。

9.應當將一切所行會歸阿彌陀佛的廣大悲願，如阿彌陀佛發起菩提勝願，所行功德一心圓滿迴向阿彌陀佛的四十八大願。

10.睡覺之前應當檢點自心，深信阿彌陀佛否？決定往生極樂世界否？是否念念憶念阿彌陀佛？是否能了悟體性現空如幻，能一念往生極樂世界、與阿彌陀佛體性本然不二？

11.睡前一念檢點：念佛心有忘失否？往生極樂世界定心決定，決志夢中安住極樂世界否？

12.於夢中當練習夢中知夢，於夢中當得做主，自問：

夢中能現生極樂世界否？

夢中能自然憶念阿彌陀佛否？

惡夢之時能安住法爾體性，成證夢幻光明，現住極樂世界否？

惡夢現前之時，能自在念佛否？

能將惡境轉成極樂世界否？

能將一切眾生轉成極樂世界聖眾否？

能了悟夢中所顯一切爲法爾本然，融爲法性一味否？

13.時時了悟是心是佛，是心作佛的勝義，依止阿彌陀佛的大勝行；圓滿往生極樂淨土的大願，並使一切世界成爲清淨莊嚴的佛刹，如世界一般，最後圓證阿彌陀佛的果德。

14.會歸

吾等作意以觀佛	甚深如幻心作佛
彌陀無心不可得	行住坐臥任圓成
決定往生極樂國	一念安住無可得
法爾本然常寂光	無間念念阿彌陀

以下條例各項，方便於讀者在於生活中時時檢證，是否能往生極樂淨土？有實踐者可打「○」，若無實踐者可打「×」。

（　）清晨覺醒，覺起一念爲阿彌陀佛否？

（　）檢點自己，是否有決定往生極樂淨土的願心？

（　）如果當下一念往生極樂淨土是否能夠決定？

（　）生起對阿彌陀佛的無上信心，不只心心憶念，更能深信其大悲心切，護念於我，念念念我，並決定攝受吾等往生其國土否？

（　）能了知法界現前性空如幻，阿彌陀佛與極樂世界與其他淨土皆同住於法界體性光明之中否？

（　）在此二者相應相攝，現前加持下，我們能現觀：往生淨土之前，即現前安住在如幻的極樂淨土中

否？

（　）能了知娑婆世界一切眾生，及與我們的家人、親友、同事，在體性中與淨土眾不一不異否？

（　）能由如幻的現觀中，我們所生活的世界宛轉成為極樂淨土否？

（　）能現觀我們周遭的一切眾生成為淨土賢聖眾否？

（　）在行、住、坐、臥、動作及語言時，都能相續不斷的憶念阿彌陀佛否？

（　）一切歷緣對事，都能以所憶念佛菩薩的心來善觀一切，是心是佛，是心作佛，完全其一如否？

（　）面對色、聲、香、味、觸、法六種塵境，都能現觀為淨土的空色、法音、妙香、勝味、淨觸、正法否？

（　）面對六塵而生起的見、聞、嗅、味、身觸、意念等六種覺受，能生起宛如身在極樂淨土的微妙清淨覺受否？

（　）身心能恆常安住於極樂淨土之中，並將一切所行功德資糧迴向於往生極樂淨土否？

日常生活中，如果遇事需思惟處理時，是否觀想思惟：

（　）在極樂世界中此事當如何處理？

（　）阿彌陀佛會如何處理這種情形？

（　）恆常當書寫、供養、布施、諦聽、閱讀、受持、

廣說、諷誦、思惟、修習極樂淨土的相關經典
否？

（　）除個人相續修持之外，是否常與大眾共同修持？

（　）是否將一切所行會歸阿彌陀佛的廣大悲願，如其
　　　發起菩提勝願，所行功德一心圓滿迴向其大願？

睡覺之前的自我檢點：

（　）深信阿彌陀佛否？

（　）決定往生極樂世界否？

（　）是否念念憶念阿彌陀佛？

（　）是否能了悟體性現空如幻，能一念往生極樂世
　　　界、與阿彌陀佛體性本然不二否？

（　）睡前一念檢點憶念之心有忘失否？

（　）往生淨土決定，決志夢中安住極樂世界否？

（　）夢中知夢否，夢中做主否？

（　）夢中能現生極樂世界否？

（　）夢中能自然憶念阿彌陀佛否？

（　）惡夢之時能安住法爾體性成證夢幻光明，現住極
　　　樂淨土否？

（　）惡夢現前之時，能自在念阿彌陀佛否？

（　）能將惡境轉成極樂淨土否？

（　）能將一切眾生轉成阿彌陀佛淨土聖眾否？

（　）能了悟夢中所顯一切為法爾本然，融為法性一味

否？

（　）時時了悟是心是佛，是心作佛的勝義，依止阿彌
　　　陀佛的大勝行；圓滿往生極樂的大願，並使一切
　　　世界成爲清淨莊嚴的極樂淨土，最後圓證阿彌陀
　　　佛果德否？

06 極樂世界的十六觀法

倘若我們想在今生親見極樂世界，或是臨終時欲往生淨土，平時練習極樂世界的十六觀法，將能順利來到極樂世界。

針對修學阿彌陀佛的極樂淨土而言，在佛經《觀無量壽經》中，有專門的記載，為修學阿彌陀佛的人所介紹的十六觀法。

但在進入本練習方法之前，在此先說明基本的觀想方法，讓大家了解觀想的要領之後，能順利的漸次練習極樂世界的十六觀法。

觀想的基本要領是：

- 從小到大。
- 從粗到細。
- 從黑白到彩色。
- 由點成線到面。
- 從靜態到動態。

以觀想自己家的例子開始，首先不妨閉上眼睛，讓心中浮現出家的樣子。現在先把它的主要外形、線條定好，把外形想清楚。

想想看它的顏色，屋頂、窗戶、正門等等。接著，把較

次要的部分也觀想清楚，如附近的景像、特色等等。

再把動態的人、物也加進去。

要一下整體觀想是比較困難的，如果依上述要領，分層觀想就容易多了。

這個方法是隨時隨地可以練習的，大家無論在那裏，都可以以某個景像為觀想物，先觀察一下所要觀想的對象，再閉上眼觀想；如果觀不清楚時，開眼看一下再閉上眼煉習。

如果剛開始觀想不清楚或不熟練時，應耐心的練習，有朝一日定能觀想清楚。觀想時，儘量把心情放輕鬆，不要用力。

選擇觀想物時，最好以中性的物體為主，不會引起自己太大的情緒起伏者，如果是會引起自己不斷聯想者也不適合。

一般而言，公共建築或公園都可作為不錯的觀想對象。除此之外，觀想還可以利用一些輔助道具。有了以上的觀想基礎，我們開始進入十六觀的練習。

第一觀：落日觀

我們面向西而坐，諦觀著日輪，使心念堅住於落日，專一觀想而不移動。這時見到日輪正要落下，狀如懸鼓一般。

見到落日之後，要練習至閉目開目之時，落日都十分的明了清楚，練習至此程度，就算初步成就了，這就是日輪觀。依照如此法觀想名為正觀，如果用其他方法自己來想像

Amitābha

阿彌陀佛

觀想者，則名爲邪觀。

第一觀：落日觀

第二觀：水想觀

當第一觀落日觀練習觀想成就之後，接著要練習水的觀想。

我們觀想西方世界中所有的一切，都是廣大的海水，徹見大水十分的澄澈清淨，我們專心明晰的觀想廣大的海水。

見到大水之後，應當再做所有的水轉化成冰的觀想。西方所有的大水，都化成清澈的冰海。

第二觀：水想觀

第三觀：寶地觀

　　見到冰海映澈如同淨海般的透藍，如同無雲晴空一般之後，再轉觀大冰海成為完全透明澄澈的琉璃世界。此階段的觀想成就之後，見到琉璃寶地內外映徹，無比的明透。

　　再來要觀想琉璃世界之下，有金剛七寶所製成的金幢，上擎著琉璃寶地。這些金剛寶幢具有八方八個稜角，八個方向都是由百寶所製成的。上面所鑲的每一顆寶都具有千種光明，而每一光明有八萬四千種顏色，映照著透明的琉璃寶地，如同千億顆的日輪齊照，令人無法直視。

　　在琉璃地上，則是有以黃金繩做為間錯分隔的邊線，大地上則用七寶為地界，十分的齊明。每一種妙寶中，都有五百種色光，這些光明幻化如花，又如同星月一般，懸處在虛空之上，成為光明的寶臺。

　　此外，有千萬座的樓閣，都是由百寶合成，在光明臺的兩邊，上面各有百億的花幢及無量樂器，來做為莊嚴。當八種清風，從光明中漩出之時，就鼓動這些樂器，演說出苦、空、無常、無我，讓人們一聽聞便趣入佛法的法音；這就是第二觀水想觀。

　　注意！每一個步驟，務必使之極為清晰明瞭，當我們閉目開目之時，都不能會散失。甚至連用餐的時間，都要恆常憶念著觀想的練習。作這樣的觀想練習者，才名為正觀；如果不如法次第練習，而作其他觀想者，則名為邪觀。

　　水想觀練習成就，可稱之為粗見極樂國的大地。到此階段，又繼續精進觀想練習，到最後證得三昧就能清楚看見極樂國的大地，與前面練習階段自己所運心想像的，又大不相同。這是觀想極樂大地證得三昧之後稱之為地想，名為第三觀。

　　最重要的是，根據佛經記載，如果能夠修成地想觀成就的話，在此生緣盡捨身他世之時，必定能夠出生在清淨的極樂國中，心內並得無疑的境界。依隨前面方法練習觀想者名為正觀，如果不能如法，做其他種觀想者名為邪觀。

第三觀：寶地觀

第四觀：寶樹觀

練習地想觀成就之後，再來要觀想極樂世界的寶樹。寶樹觀的觀想，極為細密，要仔細觀想。

觀察極樂世界中的寶樹，首先我們觀想出七重排列的行樹。一顆樹高達三十二萬里，這些寶樹具有完滿的七寶花葉。每一華葉都現出各種不同珍寶的妙色：從琉璃色中流出金色的光明，從頗梨色中流出紅色的光明，瑪瑙色中流出硨磲的光明，硨磲色中流出綠眞珠的光明，並且有珊瑚、琥珀等一切眾寶做為映飾。

又有妙眞珠網彌覆在寶樹上，而每一寶樹上又有七重的寶網，每一網間又有五百億的妙華宮殿，就像是大梵天王的寶宮殿一般，諸天的童子自然在其中遊歷。每一位童子的身上有五百億帝天王所持的能勝摩尼寶來做為瓔珞，這些摩尼寶的光明照耀一百由旬，猶如和合著百億日月的光明。

這些眾寶相間相錯，都是最上的妙色。而這些寶樹相互之間，行行相當、葉葉相次，相分的齊整。在眾葉之間，生出許多的妙花，花上自然有著七寶的果實。

每一片樹葉，長寬相等有一千里長。樹葉有千種顏色，並擁有百種的畫紋，就如同是天上的瓔珞妙寶一般。而無數的妙華，發出最上乘的紫金色，宛如旋轉的火輪一般，宛轉流光在樹葉之間。踊生的各種果實，如同帝釋天王的寶瓶。

有大光明化成幢幡及無量的寶蓋，而這些寶蓋中，會映

現出三千大千世界之中的一切佛事，十方的佛國也會在寶蓋
中出現。」

　　見到此樹之後，也應當次第的一一觀察。觀見樹、莖、
枝、葉、華、果等各部分，每一部分都清楚明晰。

第四觀：寶樹觀

第五觀：寶池觀

寶樹觀練習成就之後，接著要觀想寶池觀。當我們觀想寶池的水時，要了解在極樂國土中有八個寶池水，每一座寶池水都是由七寶所構成的。

這些七寶十分的柔軟，是從如意珠王所出生，共分為十四支，每一支中又有七寶的妙色。

寶池之間有水渠互通，這些渠道以黃金製成，渠下都用雜色的金剛砂做為底沙。每一水池中有六十億朵的七寶蓮花，每一朵蓮華的周圓大小，正等有四百八十里。

這摩尼的寶水流注在華間，隨著樹而上下；發出微妙的聲音，演說著苦、空、無常、無我的各種菩薩波羅蜜法，又有讚歎諸佛的相好圓滿者。

從如意珠王中會湧出金色的微妙光明，這些光明就化為百寶色鳥，發出和鳴柔雅的妙音，恆常讚嘆著念佛、念法、念僧的法音。

按照以上的方法來觀想練習，是正觀來修習三昧，是做其他種觀想練習是的邪觀。

第五觀：寶池觀

第六觀：寶樓閣觀

這個眾寶所成的國土，在每一分界上都有五百億的寶樓，這就是極樂國土的住所。這些樓閣當中，有無量的諸天演奏天上的妙樂。又有樂器懸處在虛空當中，宛如天上的寶幢樂器，沒有彈奏而自鳴。這些眾妙的樂音中，都宣說著念佛、念法、念僧的妙音。

這個觀想成就之後，名為粗見極樂世界的寶樹、寶地、寶池極樂，稱之為總觀想，是第六個禪觀。如果能夠見到這個境界，能除去無量億劫的極重惡業，在命終之後，必定得生極樂國中。如此觀者名為正觀，如果不如法觀者名為邪觀。

第六觀：寶樓閣觀

第七觀：華座觀

　　想要現觀阿彌陀佛者，應當生起憶念觀想於七寶大地上，觀想出蓮花，並觀想這蓮花的每一葉都有百寶的妙色，並且擁有八萬四千支葉脈，猶如天畫一般。在每一葉脈上都有著八萬四千種光明，這些葉脈的光明都要了了分明，使之能完全明見。

　　這些華葉之中，小的華葉縱廣就有一萬里，而這樣的蓮華有八萬四千大葉，每一葉間都有百億的摩尼珠王做為映飾；每一顆摩尼珠都放出千種的光明，這個光明宛如寶蓋一般，由七寶合成，遍覆於大地之上。

　　蓮華上有花臺，這花臺是由釋迦毘楞伽摩尼寶所做的，而這蓮花臺又有八萬金剛赤色寶、淨如意寶、妙眞珠網等做為妙飾。

　　在蓮華臺上，自然有四柱的寶幢，每一座寶幢宛如百千萬的須彌山，幢上的寶幔宛如夜摩天宮一般。又有五百億的微妙寶珠，做為映飾，每一顆寶珠有八萬四千種光明，每一光明又化作八萬四千的異種金色，每一種金色遍覆在寶土大地之上，處處變化，化作各種的異相。

　　有些化爲金剛臺，有些現成眞珠網，有些則爲雜花雲，在十方各面，隨意變現，施作佛事。以上是華座觀。

　　如此的妙寶蓮花，是本源於阿彌陀佛的前生——法藏菩薩的願力所成就的。想要憶念阿彌陀佛者，應當先行觀想妙

花座觀。

　　十方三世的一切諸佛都是由於發起無上的菩提心願，方能圓滿成佛的，蓮華臺爲阿彌陀佛本願所成，而阿彌陀佛以本願力而成佛，因此觀想阿彌陀佛，必先觀想他的本願蓮臺。所以要學習一位佛陀的法門，當然要修習他的大願。否則根本無法契入他的本心，也無法成爲他的眞正的心子。

　　當我們作此觀想時，不能雜觀，都應以一個一個相來觀想，所謂的一一葉、一一珠、一一光、一一臺、一一幢都要令其分明，宛如在鏡中見到自己的面像一般。這觀想練習成就者，就能滅除五百億劫的生死之罪，必定能夠往生極樂世界。如此觀想名爲正觀，如果不如法而作其他觀想方法，則名爲邪觀。

第七觀：華座觀

第八觀：像觀

澈見現觀了華座之後，再來要觀想阿彌陀佛。

首先我們要體悟，觀想念佛最重要的心要是：諸佛如來是法界身，遍入一切眾生的心想之中。

因此當我們的心中憶想佛陀時，這個心即是具足三十二相、八十隨形好的佛陀，是心來作佛陀，是心即是佛陀。要體悟諸佛及他們的佛智正遍知海，都是從我們的心想中出生的，所以我們應當一心繫念諦觀阿彌陀佛。

一切的諸佛及大悲佛智，都是從我們自心中產生的。諸佛是宇宙法界身，遍於一切，當然也常住我們的心中。

當我們的自心在念佛時，其實自心即是三十二相八十種好的佛陀。

第八觀：像觀

第九觀：真身觀

要觀想阿彌陀佛者，先行觀想阿彌陀佛的像貌，練習到閉目開目都見到一尊寶像，具足最尊貴的紫金妙色，安坐在蓮華寶座上。

如果見到寶像安坐在蓮花座上，心眼立得開啟，了了分明，見到極樂國土的七寶莊嚴、寶地、寶池及寶樹行列，各種天上的寶幔彌覆在樹上，眾寶羅網，遍滿虛空中。當我們見到這些境界之後，要看得十分明瞭清晰，就宛如觀察自己的掌中一般。

當成就了以上的觀想練習之後，應當更作觀想：一朵大寶蓮華安置於阿彌陀佛的左側，這朵蓮華與前述的寶蓮等無有異；接著又觀想：一朵蓮華在阿彌陀佛右邊。觀想觀世音菩薩的寶像坐在左邊的蓮華座上，也放射著金色的光明，如前無異。再觀想大勢至菩薩的寶像坐在右邊蓮華座上。

西方三聖觀想成就時，佛菩薩像都放出微妙光明，這些光明都是金色的，遍照著所有寶樹，而每一樹下也有三朵蓮華，各朵蓮華上，都各有一佛二菩薩的寶像，遍滿極樂中。

練習至此階段成就，我們的耳中，忽然聽微妙的水流聲從極樂國中流出，所有的風聲、樹聲、鳥啼都宣說著佛法。

行者會聽聞到水流的光明聲以及各行寶樹、鳧鴈、鴛鴦等都會宣說微妙的佛法，此後行者在出定入定之時，都能恒

聞妙法。行者在定中所聞的妙法，出定之後也都能憶持不念
忘捨。

　　在此要特別注意：當我們在定中所聽聞的佛法，必須與
佛法相同，合於佛經的法義，如果不能相合者，就是妄想，
若與經典相合者，名爲粗想觀見極樂世界。以上是爲像想
觀，也是方便觀。能作以上的觀想練習者，可以除卻無量億
劫的生死罪業，就能以此世的現在色身中，就能得證念佛三
昧。如此作觀者名爲正觀，如果作其他不如法的觀想者，名
爲邪觀。

第九觀：眞身觀

第十觀：一切佛身觀

第九觀觀想成就後，接著觀想阿彌陀佛的光明身相。阿彌陀佛的真實身相，宛如百千萬億夜摩天上的閻浮檀金色。佛陀的身高有六千四百萬億那由他恒河沙里，眉間的白毫右旋，宛轉旋山有如五座須彌山高，佛眼清淨，就如同四大海水般清白分明，身上的所有毛孔都演現出光明如同須彌山一般。

阿彌陀佛身上所發出的圓光，如同百億的三千大千世界，在圓光之中，又有百萬億那由他恒河沙化佛，每一位化佛也有眾多無數的化菩薩做為侍者。

阿彌陀佛具有八萬四千種報身的妙相，而每一個妙相中，又各有八萬四千種隨形好。每一種相好中又擁有八萬四千種光明，每一光明遍照十方世界中所有的念佛眾生並且攝取他們永不捨離。

阿彌陀佛的光明相好及其化佛等的無邊莊嚴，實在不可思議無法具說，我們應當盡力憶想使心中明見。見到這境界者，即見到十方的一切諸佛，因為這是佛佛平等的緣故啊。也因為見到諸佛，所以名為念佛三昧。

所謂念佛，即是以當下無分別的心，憶念佛陀的名號身相或功德、法身，如果能一心繫念而無雜染，都名為念佛三昧。

我們能如此觀想阿彌陀佛的真身，就名為觀想一切佛身

；因為現觀佛身的緣故，亦能見到佛心。

　　所謂諸佛之心就是大慈悲之心，用無緣的大慈攝受一切的眾生，使他們得致解脫開悟、圓滿成佛的境地。能夠練習至此階段，在今生捨身或投生他世時，必能出生在諸佛之前，得證無生法忍，有智慧的人應當繫心諦觀阿彌陀佛。

　　而觀想阿彌陀佛者，可以從一個相好開始觀入。開始時，可以觀眉間的白毫，使白毫相能極令明了。如果能觀見阿彌陀佛的眉間白毫相者，其餘的八萬四千種相好自然能夠次第得見。見到阿彌陀佛，即見到十方的無量諸佛；得以見到無量諸佛的緣故，諸佛將會給予現前的授記。

　　這就是阿彌陀佛的真身觀，也是遍觀一切色身的觀想，名為第九觀。如果能作此禪觀者名為正觀，如果不能如法，而作他種觀想者，名為邪觀。

第十觀：一切佛身觀

第十一觀：觀音觀

觀見阿彌陀佛的眞身了了分明之後，接著我們觀想觀世音菩薩。

觀世音菩薩身長有三千二百萬億那由他恒河沙里，他的身相爲紫金相，頂上現山肉髻，而頸項上滿布著圓光，每一面都放出無盡的光明。在他的圓光中有五百尊化佛，這些化佛的形像，宛如釋迦牟尼佛一般。而每一化佛都各有五百位菩薩及無量的諸天做爲侍者。

更特別的是在觀世音菩薩舉身的光明中，所有六道眾生的一切形相都會在其中映現。他的頂上以毗楞伽摩尼的妙寶來製成天冠，在天冠中有一尊站立的化佛。觀世音菩薩的面容現出如同最殊勝的閻浮檀金色，眉間的白毫相上則有七寶的妙色，並流出八萬四千種光明。

在每一種光明之中，有無量無數百千的化佛。每一位化佛，都有無數的化菩薩做爲侍者，觀世音菩薩變現自在，遍滿十方世界。

觀世音菩薩的手臂如同紅蓮花色。有八十億種的微妙光明做爲瓔珞，他的瓔珞中，普現出一切的莊嚴妙事。他的手掌之上化作五百億種的雜蓮華色，手上十指的指端，每一指端都各有八萬四千種畫紋，猶如印文一般。

在每一畫紋之上有八萬四千種顏色，每一種顏色又流出八萬四千種光明，這些光明十分的柔軟，普照一切，觀世音

菩薩就以這雙寶手，來接引眾生。

　　觀世音菩薩在舉足時，足下有千輻的輪相，會自然化成五百億座光明的寶臺。在他下足時，則有金剛摩尼寶花，布散一切地方，無不彌滿的承受菩薩雙足。他的其餘身相眾好完全具足，如同佛陀一般無異，唯除頂上的肉髻及無見頂相不及世尊而已。這就是觀世音菩薩真實色身想的禪觀，名為第十觀。

　　如果想要正確觀想觀世音菩薩，就應當依以上的方法觀想。練習這樣的觀想，我們將不會遭遇各種禍害，並且能夠清除業障，除卻無數劫的生死之罪。光是聽聞觀世音菩薩的名號，就能獲無量福了，何況是仔細諦觀呢！

　　如果依以下的方便次第，觀想觀世音菩薩，更能讓行者迅速得證此禪觀。

　　觀想觀世音菩薩時，首先觀想其頂上的肉髻，再來觀想天冠，然後其餘的眾相，也次第觀察，令自己的心中完全明了，就宛如觀察自己手掌中一般清楚明白。練習以上的觀想方法者，是名為正觀，如果不能如法而作其他觀想方法，則名為邪觀。

Amitābha

阿彌陀佛

第十一觀：觀音觀

第十二觀：勢至觀

　　觀想觀世音菩薩的眞身之後，接著觀想大勢至菩薩。大勢至菩薩的身量大小如同觀世音菩薩一般，項頂上的圓光各面皆放出無邊的光明。而舉身的光明也普照著十方國土。

　　這些光明是紫金色的，有緣眾生都能得見。因爲見到這菩薩的每一毛孔光明，即能見到十方無量諸佛的淨妙光明，所以此菩薩又名無邊光菩薩，另外他以智慧光明普照一切，使眾生能夠遠離三塗惡道，而得證無上之力，所以名爲大勢至菩薩。

　　大勢至菩薩的天冠上有五百朵寶蓮華，每一寶華之上有五百座寶臺，每一寶臺中，十方諸佛的淨妙國土，所有廣長眾相都會於其中顯現。

　　他頂上的肉髻宛如紅蓮花般，在肉髻上有一個寶瓶，盛滿著各種光明，普現一切的佛事，此外，其餘的各種身相，則如同觀世音菩薩一般，等無有異。

　　大勢至菩薩行走時，十方世界中的一切都產生震動，當地動之處，各有五百億寶花出現。這每一朵寶花的莊嚴高顯，宛如極樂世界中的寶華一般。大勢至菩薩坐下時，七寶的國土，都同時動搖。

　　接著，從下方世界的金光佛刹，乃至到上方世界的光明王佛刹，在其中間無量塵數的分身阿彌陀佛、分身的觀世音菩薩、大勢至菩薩，同時雲集於極樂國土，側塞在空中，安

坐於蓮華座上，演說妙法救度一切苦難的眾生。若能如此觀想者，名為觀見大勢至菩薩，這就是觀想大勢至菩薩的色身真相的禪觀。觀想大勢至菩薩就名為第十一觀。

觀想大勢至菩薩的利益功德，是能除滅無數劫阿僧祇的生死之罪。能練習以上觀想方法的人，在未來世不會再生處胞胎從胎中出生，並且能常常漫遊諸佛的淨妙國土。

此觀想方法練習成就之後，就稱為具足觀想觀世音及大勢至菩薩。練習以上的禪觀者名為正觀，如果不能如此觀想，而作其他觀想練習者，名為邪觀。

能夠具足觀想二位菩薩後，接著要作意觀想心中見到自己出生於西方的極樂世界，並在蓮華中結跏趺安坐著，見到自己出生於極樂國中。

接著觀想蓮華的開與合。先練習蓮華開啟的觀想，當蓮華開時，觀想有五百色的光明來照耀自身。

接著觀想自己眼睛開啟時，就見到佛菩薩滿布於虛空之中，水鳥、樹林及諸佛所發出的音聲，都自然演出妙法，並與佛陀所說的經典相合。

如果做完練習出定之後，對於這個境界仍然憶持不失，當我們修證到這個境界時，名為見到阿彌陀佛的極樂世界。這稱之為普想觀，也就是第十二觀，這是觀想阿彌陀佛極樂世界的圓滿觀法。

極樂世界的普想觀的觀想成就殊勝功德是：阿彌陀佛的

無數化身與觀世音及大勢至菩薩，會常至這位修行人的住所，給予教授慰問。如果能作此禪觀者名爲正觀，如果不能如法觀想，而練習其他觀者，名爲邪觀。

　　當我們聽聞、修習此無比殊勝的大法，將會受到廣大的利益。

第十二觀：勢至觀

第十三觀：假想觀

假若一心想往生西方極樂世界，可先觀想有一尊丈六的阿彌陀佛寶像在池水之上，阿彌陀佛的寶像就如同先前所敘述的方法觀想。阿彌陀佛的身量是如此的無邊無際，不是我們凡夫的心力所能想像得到。

但是由於阿彌陀佛的宿世願力的緣故，所以凡是練習憶想禪觀方法，能夠修學有所成就，而往生阿彌陀佛的極樂世界。單只是練習觀想佛像，就能夠獲得無量的福德，何況是練習觀想佛陀的圓滿具足身相呢！

此外，阿彌陀佛的神通如意，可以在十方世界國土中自在地變現。有時或現巨大的身相，布滿整個虛空。有時示現微小之身，現身丈六或八尺。他所顯現的身形，都是真金色。而其圓光中的化佛及寶蓮花等，也都如上述所說。

那觀世音菩薩及大勢至菩薩，也是神通變現自在，在一切處所，其身相也都相同；我只要觀察其頭頂的首相，頂上立有化佛的就是觀世音菩薩，而頂上有寶瓶者，就是大勢至菩薩。這二位菩薩輔助阿彌陀佛，普化一切眾生。此階段的禪觀方法就是假想觀，名為第十三觀。依循以上的方法練習則名為正觀，若是不習如法，作其他觀想方法練習者，名為邪觀。

第十三觀：假想觀

這十三觀有其練習的階次順序：從第一觀：落日觀，是順應西方極樂世界、光明歸藏的所在而現起的觀法，先讓我們安定心念，讓我們藉由落日觀的練習，與西方產生因緣，以心為攝受，有阿彌陀佛攝受我們、我們入於阿彌陀佛兩個含意。所以落日觀可以算是十六正觀的基礎。是從自心趨向阿彌陀佛，也從相上來攝持心念專一、清淨心念的相續，而生起三昧的境界。

首先，我們練習落日觀是先將心念繫於西方，想像西方的落日。

觀想的前方便是觀像，如法觀像，要有正見才能如法。什麼是正見呢？能夠了知現空、無常、無我，了知如幻，有這樣的見地之後，才能如法觀像。

我們現在可以先觀落日，因為每個人幾乎都看過落日。如果要將其觀得如手中明鏡一般映出清晰的影像的話，如幻的境界要越高明才能越清晰，否則就會執鏡中像為實。

如鏡就是一個如幻的境界。

接下來是水觀，建立如海水倒映的境界，並有清淨之意。見水清淨透明，無有污穢、執礙。再來是建立七寶所成的土地觀，寶樹、寶池、寶樓閣觀等等莊嚴境、各種諸鳥合鳴、樂器的演奏、光明境界等等一直到第七觀，這是從大觀到細觀，從靜而動，有音有色的依報觀。

再來第八觀是觀住在其中的佛菩薩，首先先建立彌陀自

性，我們自心的自性與彌陀的自性如一，依據這個理則來建立佛身，來觀佛身。有了這樣的基礎，再來就能對身觀佛，見無量壽佛即是諸佛，了了分明。

在此很重要的一點是：無量壽佛即是諸佛，無量壽佛的體性就是一切諸佛的體性，見一佛即見無量佛。如此觀佛、見佛後，再來就觀眷屬：觀音與勢至兩大菩薩，以及無量的眷屬眾等等。他們加持我們，攝受我們前往極樂世界。這是正報的部分。

其中第九觀：見無量壽佛即是諸佛。見無量壽佛從法界出生，他就是一切諸佛的根本報身，一切諸佛都是其所化現，所以見無量壽佛即是諸佛則有二方面的觀法：一是見無量壽佛流出一切諸佛，一是觀一切諸佛即是無量壽佛的化身。如此一來，整個法界都是極樂世界，十方諸佛都在極樂世界裡。從無量壽佛的毛孔中示現五百億化佛，一切諸佛都從其毛孔流出，一一化佛無量功德莊嚴，都在極樂世界發心成佛，這可以清清楚楚地看見。

這個觀法是法性與緣起的相應，在法性上，因為諸佛體性如一；在緣起上，因為我們現在所修的無量壽佛的觀法，所以從無量壽佛流出，所以見一佛即是見無量諸佛。

觀東方佛即是無量諸佛，觀無量壽佛即是無量諸佛，觀釋迦牟尼即是無量諸佛，即是毗盧遮那佛，這是非一非異的。

　　從依報到正報的觀法其實是一套完整的觀法，所以十三觀其實是一貫的，亦可說是一觀，總名爲極樂淨土觀。十四、十五、十六觀是講眾生如何努力而往生極樂淨土的階位。

　　第一觀到十三觀分別從心定從佛本願，從依報到正報，從大到小到細到明，到有力到變動、法界起現、自身參與法界的過程，這是有順序地從基礎建立起，究竟讓我們達到現證極樂，當下就在極樂世界中。

　　在《觀無量壽經》中有所謂的「十六觀法」，這亦屬觀想念佛，其中後三觀，即第十四觀指的是上品上、中、下生（上輩者）的觀法，第十五觀指的是中品上、中、下生（中輩者）的觀法，第十六觀指的是下品上、中、下生（下輩者）的觀法。

　　這裡的「觀」並不只是單純的觀想意義而已，它還有實踐、相應的意涵，也就是說如果能相應於第十四觀的內容即是上品往生者，能相應於第十五觀內容者即能往生中品。例如第十四觀的上品上生是要：「一者慈心不殺，具諸戒行。二者讀誦大乘方等經典。三者修行六念（指念佛、念法、念僧、念戒、念施、念天），迴向發願，願生彼國。」具足這些便是成就第十四觀之上品上生者，也就能往極樂世界。

　　至於前十三觀其實是一般的禪觀法，十四、十五、十六觀則是往生要具足的觀法。上品、中品、下品的觀法也都可

以修前面十三種觀法，因為這十三種觀法都是配合西方淨土
的種種莊嚴以及無量壽佛而設觀。（後三觀的練習，請參閱
第一部第三章 03）

07 臨終關懷——阿彌陀佛的守護與接引

阿彌陀佛的四十八大願中，其中三個弘偉的誓願：

「設我得佛，十方眾生，至心信樂欲生我國，乃至十念；若不生者，不取正覺！唯除五逆、誹謗正法。」

「設我得佛，十方眾生發菩提心，修諸功德，至心發願欲生我國，臨壽終時，假令不與大眾圍遶現人前者，不取正覺！」

「設我得佛，十方眾生聞我名號，係念我國，殖諸德本，至心迴向欲生我國；不果遂者，不取正覺！」

基於這三個誓願，所以要幫助亡者往生淨土，祈請阿彌陀佛慈悲的守護，以下介紹助念祈請阿彌陀佛守護的心要：

首先，我們必須應對亡者生起大悲心，依於智慧了知空性，了知是心是佛、是心作佛，持著觀想自己就是阿彌陀佛，請觀想清楚。

當我們助念時，儘量讓自己位於亡者心輪以上的位置。如果是到殯儀館或太平間，或是在醫院的病房裡，我們要馬上將此處觀想變成極樂世界，亡者所躺的地方就變成蓮花，如果定力越好的則觀想得越鞏固。但是，如果自己的力量不夠，就祈請阿彌陀佛、觀世音菩薩等聖眾加持，讓我們所思惟觀想的能夠現起。

助念時，儘量讓自己位於亡者心輪以上的位置

也許自己的功夫不夠，看不到這個境界，但是因爲誠懇祈求阿彌陀佛的緣故，力量就會增強。這時你可以注意到，平常的太平間都是黑黑的，氣氛凝重，但是我們如**法觀想時，會感覺到裡面的照明突然亮了許多。**

觀想自身即是阿彌陀佛，觀想得越好，就會感覺到體內的光明甚至比外面還要強。如果修行不是很得力，有的時候這個光明一開始會閃爍，這是代表定力仍然不夠。反之，如果內在光明很鞏固的話，外邊的光明就不再是浮泛的亮，而是很穩定的光，就好像透過水晶玻璃看到外面的世界一般，很明亮，很穩固。

觀想的力量增強時，同時也增強現場的磁場。我們不一定要強力用自己的力量，要運用佛菩薩的光明，把我們自身當做亡者到阿彌陀佛極樂世界之間的橋樑，我們的身心清淨，宛如透明晶瑩的水晶一般，極樂世界阿彌陀佛的光明透過我身，照耀著亡者。再觀想臨終的人，身處於蓮苞中，在阿彌陀佛前的蓮池花苞裡化生。

我們的身、意都如此導引他。在語上，我們輕輕附在他耳邊，心念很清楚、很明白地告訴臨終者要憶念阿彌陀佛，看他想往生那裡就往生那裡，幫助他轉世自在。我們可以跟他說：「現在一心念佛，放下一切，一切都是虛妄的，所有的親人都支持你到極樂世界去，千萬不要捨不得。」

在一旁的親人要注意，不要在一旁哭叫：「不要去！不

要去！」，要很安詳，很平和地把親人送到更好的生處去，就像親友要出國，我們要歡喜地祝他一路順風，不要在一旁干擾他，讓他痛苦，否則我們臨終時親人也會這樣吵我們。大家應該跟他說：要清楚地念佛，說一些法語給他聽，讓他完全自在，完全放下。

也可以告訴他：「你與阿彌陀佛平等無二」，雖然他會怕，但無妨，盡量導引他，告訴他阿彌陀佛的模樣，讓他憶念阿彌陀佛、極樂世界，把《阿彌陀經》、《十六觀經》的境界用白話文說給他聽，讓他憶起阿彌陀佛、極樂世界，鼓勵他看到了就趕快去，繼續導引他：觀世音菩薩、大勢至菩薩都現前了，阿彌陀佛放出無量的光明伸手接引，不斷地告訴他。如此，意中觀想、身現彌陀、語不斷導引，身、語、意三者都在幫助亡者，讓他能往生善處。

如此不斷相續，周遭的人也能誠心助念，一句彌陀、一個光明、句句彌陀、句句光明，這些光明就進入他的神識，從其頂輪注入，就像經典中佛陀都是從口中放出光明，注入菩薩的頂輪。

以上是主體，再來是輔助工具，在臨終的處所，我們可以點香。如果柱香不方便，可以點盤香、臥香。

重要的是選擇好香，不要用一般那種很差的香，那會引動鬼神前來，其香味很嗆一般人也受不了，最好的選擇是上好的沉香。如何分辨香的好壞呢？純沉香拿起來薰一薰，一

定不會刺鼻，如果把香氣閉住的話，頭不會暈，這就是好香。香的放置處，盡量置於靠近頭部的地方，讓任何會引動亡者神識的一切，都盡量往上集中。

除此之外，也可以把手凌空放在亡者的心輪上，不要貼著，從手放出光明導引，觀想他的佛身好像一個小阿彌陀佛，從這光明的脈道中往上，一面做一面觀想，觀想他坐在蓮苞中，坐在蓮座上面，在光明的脈道中往上，這都有幫助。

如果準備加持的物品更好，像金剛明砂、往生被、甘露丸都可以。但是，最主要心要掌握好，誠懇祈請阿彌陀佛的守護，阿彌陀佛一定會引領我們到達極樂世界。

第二章　與阿彌陀佛相關經典

御製無量壽佛贊

西方極樂世界尊，無量壽佛世希有，

能滅無始億劫業，令彼苦惱悉清除。

若人能以微妙心，嘗以極樂爲觀想，

廣與眾生分別說，舉目即見阿彌陀。

佛身色相顯光明，閻浮檀金無與等，

其高無比由旬數，六十萬億那由他。

眉間白毫五須彌，紺眼弘澄四大海，

光明演出諸毛孔，一孔遍含諸大千。

一界中有一河沙，沙有八萬四千相，

一一相中復如是，作者觀者隨現前。

以觀佛身見佛心，眾生憶想見化佛，

從相入得無生忍，以三昧受無邊慈。

佛身無量廣無邊，化導以彼宿願力，

有憶想者得成就，神通如意滿虛空。

眾生三種具三心，精進勇猛無退轉，

即得如來手接引，七寶宮殿大光明。

其身踴躍金剛臺，隨從佛後彈指頃，

Amitābha
阿彌陀佛

行大乘解第一義，即生七寶蓮池中。
阿彌陀佛大慈悲，十力威德難贊說，
稱名一聲起一念，八十億劫罪皆除。
以是濟拔無有窮，是以名爲無量壽。
昔世尊居耆闍崛，與大眾說妙因緣。
離憂惱與閻浮提，超脫一切諸苦趣，
淨妙國即極樂世，修三福發菩提心。
作是念者住堅專，故說無量壽佛觀，
如是功德不可說，不可說者妙光明。
無量清淨平等施，五濁眾生咸作佛，
斷彼一切顛倒想，猶如以水投海中，
濕性混合無不同，雖有聖智難分別，
人人皆爲無量壽，稽首瞻禮即西方。

01 《佛說阿彌陀經》導讀

　　《阿彌陀經》是與中國最有緣的一部經典，也是淨土法門的重要經典，其梵文本古來也弘通於日本，日人南條文雄博士將其與《大阿彌陀經》原本俱出版於牛津。相對於《大阿彌陀經》，此經則被稱爲「小阿彌陀經」。其字數精簡意閡，常被淨土行人作爲日常課誦之用。

　　《佛說阿彌陀經》的內容敘述阿彌陀佛西方極樂淨土的**清淨莊嚴**，諸佛真誠讚歎眾生的往生淨土、六方諸佛的印證，及持名念佛等，使淨土信仰明確而平易。

　　在經中釋迦牟尼佛所宣講的佛是在西方極樂淨土的阿彌陀佛，經文關於阿彌陀佛的介紹是：

　　爾時，佛告長老舍利弗：「行是西方過十萬億佛土，有世界名曰極樂，其土有佛號阿彌陀，今現在說法。」

　　這個淨土名爲極樂，佛的名號是阿彌陀，且讓我們看看什麼是極樂：

　　彼土何故名爲極樂？其國眾生無有眾苦，但受諸樂，故名極樂。

　　極樂世界及阿彌陀佛都是過去時節因緣所現所行，而最主要的是彌陀現在正在說法，所以對於我們修習彌陀法的眾生，會有甚深的加持力，只要我們心放空、開闊自心、十方

世界現前，就能夠聽聞彌陀教授，因為法身常住彌陀，所以在當下，我們即見彌陀、即證彌陀、即徹入彌陀極樂海。

這個淨土的設立，是阿彌陀佛為廣大眾生而建設，使我們能夠遠離雜染污穢的世界，而往生清淨的國土世界。

阿彌陀佛是什麼？根據《佛說阿彌陀經》所說，就是因為他光明無量，照耀十方的國土世界無所障礙，所以號為阿彌陀。阿彌陀就是無量光明的意思。

無量是什麼？無量是一種境界，這是阿彌陀佛的第十二個大願「光明無量願」所成就的，光明無量是阿彌陀佛在「相」上所示現的最大一個象徵，是在我們的空間中所顯示的一種無邊的象徵，就是顯現出無量光明而且無所障礙。

經上說：「彼佛光明無量，照十方國土無所障礙，是故號為阿彌陀。」

這是說明阿彌陀佛的光明現在正照耀十方國土，而且沒有任何障礙，不會受到任何物質所阻礙遮蔽，他的光明可以穿透一切、照耀一切。換句話說，阿彌陀佛的光明現在正照耀著我們，正照耀著全世界，而且是不分晝夜無時不照耀的。

但是我們是否如實看到呢？我們可以試著把心念完全放寂、放空，體解自己的體性就是彌陀的體性，一切現前、不必思惟，回復整個彌陀覺性自身。這時清淨無染的彌陀光明，就是現前的無量光，無量光不在內、不在外、不在中

間，但是在緣起的示現上，它普照十方國土無所障礙，是故
號爲阿彌陀。

阿彌陀佛另一個最偉大的特色，就是時間上的特色，經
文說：

彼佛壽命及其人民無量無邊阿僧祇劫，故名阿彌陀。

在這極樂國土的眾生壽命是無量的，彌陀也是無量壽，
這是阿彌陀佛廣大的大悲心、大願力所成就的一個不可思議
宇宙法界。在此我們以「顯意」與「密意」兩種方式來理
解。

在顯意上，我們從文字上講，阿彌陀佛的極樂世界是無
量的光明、無量的壽命，所以當我們到達極樂世界的時候，
我們的壽命可以不斷地延續、延續，讓我們一直持續修行。
在極樂世界修行可以得到一貫性，也必定可以在此世界中得
到成就。因此，從顯意上來講，極樂世界與我們這個世間一
比對起來，極樂世界眾生、土地的壽量，實在是我們無法想
像的。

在密意上來講，所謂「無量壽」，非關整個外境上多
大、多長的壽命，而是說明在極樂世界一切眾生，必然終將
成佛、圓滿佛果，而成佛圓滿之後，即是安住在常寂光、即
是永遠住於涅槃寂靜的無量壽境界。

顯意上的說法，也就是依緣起而說。我們看看《阿彌陀
經》所說：

Amitābha
阿彌陀佛

舍利弗！阿彌陀佛成佛已來，於今十劫。

這就是顯意的說法，這樣的說法在緣起相上是需要的，因為相應於我們的時間概念，他成佛已來已經十劫，十劫之後還有無量十劫。因此不要用未來心去想阿彌陀佛，當下我們念佛，不假循誘、脫口而出、純任自然──南無阿彌陀佛，心心念念相續所起就是「南無阿彌陀佛」，是從清淨的彌陀法性所念，念完彌陀又回歸彌陀性海。是心是佛，是心作佛，無可作者，是名彌陀。

又舍利弗，彼佛有無量無邊聲聞弟子，皆阿羅漢，非是算數之所能知；諸菩薩亦復如是。舍利弗！彼佛國土成就如是功德莊嚴！

這是從境上來講，亦是顯意而言，讓我們一般眾生心生喜樂。所以，在彌陀經裡面不斷地顯出法性的秘密意，又不斷地顯示出外相的意義；這樣子，密者見其密、顯者見其顯、究竟者見其究竟，一一法皆是究竟、一一法皆是接引、一一法皆使無量的眾生成就彌陀、一一法皆是無邊的一音演說法，眾生隨類各得其解，十方法界現前都是彌陀法界。

又舍利弗，極樂國土眾生生者皆是阿鞞跋致，其中多有一生補處，其數甚多，非是算數所能知之，但可以無量無邊阿僧祇劫說。舍利弗！眾生聞者，應當發願願生彼國。所以者何？得與如是諸上善人俱會一處。

阿鞞跋致的意思是不退轉，一生補處是指即將成佛的最

後身菩薩。這一段所講的是爲了讓我們了解，到極樂世界去是與諸上善人聚會一起。其實，如果就甚深密意來講，我們心中確認彌陀的體性、本質，心念現起即是彌陀，是心是佛、是心作佛，這個世界即是彌陀清淨法界，我們即與彌陀同住。

所以了解佛經中顯密二義，要心開意解不拘文字，契入密意，解了顯意，如此用心修持與彌陀名號、彌陀淨土相應。

舍利弗！若有善男子善女人聞說阿彌陀佛，執持名號若一日、若二日、若三日、若四日、若五日、若六日、若七日一心不亂，其人臨命終時，阿彌陀佛與諸聖眾現在其前。是人終時，心不顛倒，即得往生阿彌陀佛極樂國土。

這也說明，如果我們至少能在一天二十四小時中，一心不亂地念阿彌陀佛，一天二十四小時念佛相續不斷、產生念佛三昧，甚至二天、三天、四天等等連續下去皆是一心不亂。若能達到如此境界，那麼臨命終時，阿彌陀佛與諸聖眾會現在其前，此時若是往生的人能保持正念、心不顛倒的話，即得往生阿彌陀佛極樂國土。這是佛經中對往生淨土最基本條件的說明，也是最殊勝方便之處，讓淨土法門的修持特別偏重在一心不亂執持名號，以及心不顛倒，而獲致聖眾來迎往生淨土的目標。

這種若一日到若七日執持名號的說法，也帶動了歷年來

淨土行人舉行剋期念佛的佛七，以七日爲期，日夜精進持誦彌陀名號，使能達到佛經所言「一心不亂、無念而念」的境地。

當我們在讀誦彌陀經時，甚至讀誦其他佛經亦是，都是可以一心契入現觀經文本身的境界的：參與彌陀說法的勝會，隨問者、弟子、菩薩大眾等等之言行舉止，更可直接契入佛所宣說的種種不可思議境界。

因此，如果歡喜嚮往阿彌陀佛的極樂世界，就可以發願往生這個國土。發願是促進動力的很重要因素，所以發願是很必要的，即使我們目前認爲可能無法達成，也要有願，願不是壓力而是希望，有廣大光明的願能改變整個心，甚至改變整個身心、外在環境。

若有人已經發願了，或是現在發願，或是未來要發願，只要我們歡喜信受極樂國土，就可以發願往生阿彌陀佛淨土，就如經上所說：

若有人已發願、今發願、當發願，欲生阿彌陀佛國者，是諸人等，皆得不退轉於阿耨多羅三藐三菩提，於彼國土若已生、若今生、若當生。是故舍利弗，諸善男子善女人，若有信者，應當發願生彼國土！

所以，不管現在、過去、未來願往生的眾生，都能不退轉於阿耨多羅三藐三菩提，並且也都已生、今生、當生極樂世界。

經中所說的：若一日乃至七日的一心不亂念佛，即是阿彌陀佛的本願，即是阿彌陀佛特別要攝受我們的地方。因為如此，雖然我們累積的福德資糧不夠，但卻可以願力來與彌陀本願相應，只要有「願生彼國」之願，阿彌陀佛的優待條款就能適用在我們身上了。

《阿彌陀經》是淨土法門的重要經典，淨土行人要成就的是與阿彌陀佛相應、即心是彌陀、是心作彌陀；而心淨國土淨，使現前人間成為極樂淨土，進而使十方世界成為極樂淨土。

如果單就淨土法門單純的意義而言，往生西方極樂世界是直接的目標。而依彌陀願力所成的西方淨土就是彌陀的果德，我們修行淨土法門匯入彌陀果海中，在莊嚴清淨、無比安穩的極樂國中，與眾大善人聚會一處，供養諸佛植福善根，而終至成佛。

所以極樂世界的莊嚴是淨土行人心靈的故鄉，所以釋迦牟尼佛在《阿彌陀經》中介紹了極樂世界的狀況，一方面鼓勵我們，一方面亦能幫助我們練習禪觀，而契入此果海中。

爾時，佛告長老舍利弗：「從是西方過十萬億佛土，有世界名曰極樂，其土有佛號阿彌陀，今現在說法。舍利弗！彼土何故名為極樂？其國眾生無有眾苦，但受諸樂，故名極樂。又，舍利弗！七重欄楯、七重羅網、七重行樹，皆是四寶周匝圍繞，是故彼國名曰極樂。又舍利弗，極樂國土有七

寶池，八功德水充滿其中，池底純的金沙布地。四邊階道，金、銀、琉璃、頗梨合成，上有樓閣，亦以金、銀、琉璃、頗梨、赤珠、瑪瑙而嚴飾之。池中蓮花大如車輪，青色青光、黃色黃光、赤色赤光、白色白光，微妙香潔。舍利弗！極樂國土成就如是功德莊嚴！」

　　這一切所描述的莊嚴現象其實只是表意上的，真正彌陀世界所願的是如幻的莊嚴。許多人執著於極樂世界所顯現的那種豪華與光明；但有些人的心中卻反而起了退轉心，他們說：「極樂世界怎麼這麼豪華？這麼莊嚴？往生淨土是否反而是貪執？這樣子的境界是否不夠？」其這種看法是錯謬的！因為，阿彌陀佛的極樂世界乃是為了一切眾生達到最安樂而建立的，為了使一切眾生安養於極樂世界，使眾生心安住於正法而無所動搖，所以經上所寫極樂世界的種種事物，都是彌陀為眾生所顯示，因此一定是與我們的心相應的，任何眾生往生極樂世界以後，都會心喜大樂、心住極樂。

　　我們要了解，一切外境會顯現出跟我們自心相應的境界，來讓他喜樂而在其中安樂地修法，一直到去除一切的執著、妄業，最後現前成就一個普莊嚴的極樂世界。所謂「普莊嚴極樂世界」就是究竟的實報莊嚴世界，這時眾生的心中沒有任何執著，所以也就如實如相的顯示，如實如相的安住。

　　在極樂世界裡面，一切都是由阿彌陀佛往昔淨業所成就

的。而阿彌陀佛在建立極樂世界的時候，他了知道這一切必須與法相應，所以他建立了一個特殊的世界，就如《阿彌陀經》上所說：

又舍利弗！彼佛國土常作天樂，黃金爲地，晝夜六時天雨曼陀羅華。其國眾生常以清旦，各以衣盛眾妙華，供養他方十萬億佛，即以食時還到本國，飯食經行。舍利弗！極樂國土成就如是功德莊嚴！

復次，舍利弗！彼國常有種種奇妙雜色之鳥；白鵠、孔雀、鸚鵡、舍利、迦陵頻伽、共命之鳥。是諸眾鳥，晝夜六時出和雅音，其音演暢五根、五力、七菩提分、八聖道分如是等法。其土眾生聞是音已，皆悉念佛、念法、念僧。舍利弗！汝勿謂此鳥實是罪報所生。所以者何？彼佛國土無三惡趣。舍利弗！其佛國土尚無三惡道之名，何況有實？是諸眾鳥，皆是阿彌陀佛欲令法音宣流變化所作。舍利弗！彼佛國土，微風吹動，諸行樹及寶羅網出微妙音，譬如千百種樂同時俱作。聞是音者，皆自然生念佛、念法、念僧之心。舍利弗！其佛國土成就如是功德莊嚴！

在此示現了圓滿的音聲佛事。我們知道：殊勝的菩薩道是可以六根、六塵來大演佛法，就像《大樹緊那羅王經》所講的：「他所演奏的音樂都是一種聲空不二的音樂」。凡是不能證得這種「聲空不二」的「如幻三昧」的阿羅漢聖者，聽到這種音樂都會不由自主的跳起舞來，爲什麼？因爲他們

認為音樂非佛法、音樂是染污，所以平時他們心中與音樂相離、而安住於他們所認為的「真諦」中，這樣子他的力量就比不上大菩薩的如幻威力，於是聽到音樂時，心理產生拉拒戰，因此造成緊張、害怕、矛盾，終至抵抗不了而不由自主地隨音樂起舞了。這就像《維摩詰經》所講的天女散花，眾菩薩了知一切如幻，所以身上不黏著這些花，然而舍利弗等諸大弟子，花都黏滯於其身上。

上面說的是如幻的「聲空不二」的境界，阿彌陀佛的「音聲佛事」要比這種「聲空不二」的境界還更擴大，它不只是菩薩的「聲空不二」境界。在阿彌陀佛的音樂佛事裡面，不但能讓大菩薩眾證入「聲空不二」，還能使一般眾生在聽聞到這些聲音時，都能夠成就念佛、念法、念僧。所以可以說是「佛的一音演說法，眾生隨類各得解」。

不過在極樂世界「佛以一音演說法」不只是佛口中所宣說的聲音，整個極樂世界中所發出的音聲都是佛的音聲，不管是羅網被微風吹動所發出的聲音，或是寶樹搖曳於風中的聲音，或是鳥的鳴叫等等都是阿彌陀佛音聲所成，因為整個極樂世界都是阿彌陀佛的淨業所成，是阿彌陀佛清淨大圓智慧的成就。

而在其中有種種奇妙雜色的鳥，這些鳥暢演五根、五力、七菩提分、八聖道分等等卅七道品的法，使得淨土的眾生聽見到鳥鳴說法的時候，都能產生念佛、念法、念僧的警

信。

　　爲了怕我們錯解了這些鳥，以爲這些鳥是三惡道的眾生，而有：「畜生道眾生怎麼會在極樂世界出現」的疑問，所以經上寫道：「是諸眾鳥，皆是阿彌陀佛欲令法音宣流變化所作。」也就是說，這些都是彌陀願力所成。因爲彌陀世界乃是一個全方位服務的世界，在極樂世界只要是能讓一切心念與修行相應的事物都會顯現，使得在極樂世界眾生得到這些全方位的服務以後，能夠專心的修持，直到最後證得彌陀的境界。

　　極樂世界中的種種功德莊嚴都是阿彌陀佛以他的一心，相應於居住在他的國土中的所有眾生而成的。這種相應可以算是「遊戲王三昧」。每一個人在這裡見到阿彌陀佛，就會相應於他自身的因緣時節，而顯出每一個人各各不同可以修行成就的道路。所以在極樂世界裡面，雖然每一個人同樣都是修持彌陀法要，但是事實上卻有無量無邊的修持方法。因爲每一個人同樣共同走這條路、也同樣的在修持著自己不同的路啊！

　　極樂世界是那麼的莊嚴，而且在那個世界裡面的眾生，因爲身心清淨緣故，就具足了種種神通威力，使他們能夠在這中間不斷地累積功德資糧，所以他們早上就可以盛著妙花，去供養十方佛土，很快地，要吃飯的時候再回到本國飯食經行。所以在極樂世界裡面，大眾的生活確實是極樂無

比，是我們這個娑婆世界所不能比擬的。

對於這樣勝妙的境界、法門，十方世界諸佛都發出誠實不可思議的讚嘆了，像經上所說的東方世界、南方世界、西方世界、北方世界、下方世界及上方世界這些佛，他們都「出廣長舌相，說誠實言：汝等眾生當信是稱讚不可思議功德一切諸佛所護念經！」這真是不可思議！不可思議！這也就是為什麼《阿彌陀經》也叫作《一切諸佛所護念經》的緣故，所以我們讀誦《阿彌陀經》時當真實諦信諸佛的誠實言，沒有讀誦時亦是如實諦信，甚至無時不讀誦、無時不契入。

當我們諦信諸佛誠實言的時候，就受到這些十方一切諸佛的加持護念，那麼我們憶念阿彌陀佛的心就更加清淨、更加明白，也同時就與諸佛相應，也同時就是供養一切諸佛。

舍利弗！若有善男子善女人聞是經受持者，及聞諸佛名者，是諸善男子善女人皆為一切諸佛共所護念，皆得不退轉於阿耨多羅三藐三菩提。是故，舍利弗，汝等皆當信受我語及諸佛所說！

所以這部《佛說阿彌陀經》是不可思議的。我們現在憶念這部經典、了悟這部經典、修持這部經典，就會受到一切諸佛所護念，必然會不退轉於阿耨多羅三藐三菩提。

02 《佛說阿彌陀經》

姚秦龜茲三藏鳩摩羅什譯

如是我聞：一時，佛在舍衛國祇樹給孤獨園，與大丘比僧千二百五十人俱，皆是大阿羅漢，眾所知識：長老舍利弗、摩訶目乾連、摩訶迦葉、摩訶迦栴延、摩訶拘絺羅、離婆多、周梨槃陀迦、難陀、阿難陀、羅睺羅、憍梵波提、賓頭盧頗羅墮、迦留陀夷、摩訶劫賓那、薄俱羅、阿㝹樓馱，如是等諸大弟子；并諸菩薩摩訶薩：文殊師利法王子、阿逸多菩薩、乾陀訶提菩薩、常精進菩薩，與如是等諸大菩薩，及釋提桓因等無量諸天大眾俱。

爾時，佛告長老舍利弗：「從是西方過十萬億佛土，有世界名曰極樂，其土有佛號阿彌陀，今現在說法。舍利弗！彼土何故名為極樂？其國眾生無有眾苦，但受諸樂，故名極樂。又，舍利弗！極樂國土七重欄楯、七重羅網、七重行樹，皆是四寶周匝圍繞，是故彼國名曰極樂。

「又，舍利弗！極樂國土有七寶池，八功德水充滿其中，池底純以金沙布地；四邊階道，金、銀、琉璃、頗梨合成；上有樓閣，亦以金、銀、琉璃、頗梨、車𤦲、赤珠、馬瑙而嚴飾之；池中蓮花大如車輪，青色青光、黃色黃光、赤色赤光、白色白光，微妙香潔。舍利弗！極樂國土成就如是

功德莊嚴。

「又，舍利弗！彼佛國土常作天樂，黃金爲地，晝夜六時天雨曼陀羅華。其國眾生常以清旦，各以衣裓盛眾妙華，供養他方十萬億佛，即以食時，還到本國，飯食經行。舍利弗！極樂國土成就如是功德莊嚴。

「復次，舍利弗！彼國常有種種奇妙雜色之鳥：白鵠、孔雀、鸚鵡、舍利、迦陵頻伽、共命之鳥。是諸眾鳥，晝夜六時出和雅音，其音演暢五根、五力、七菩提分、八聖道分如是等法。其土眾生聞是音已，皆悉念佛、念法、念僧。舍利弗！汝勿謂此鳥實是罪報所生。所以者何？彼佛國土無三惡趣。

「舍利弗！其佛國土尚無三惡道之名，何況有實！是諸眾鳥，皆是阿彌陀佛欲令法音宣流，變化所作。舍利弗！彼佛國土微風吹動，諸寶行樹及寶羅網，出微妙音，譬如百千種樂同時俱作。聞是音者，皆自然生念佛、念法、念僧之心。舍利弗！其佛國土成就如是功德莊嚴。

「舍利弗！於汝意云何，彼佛何故號阿彌陀？舍利弗！彼佛光明無量，照十方國無所障礙，是故號爲阿彌陀。又，舍利弗！彼佛壽命及其人民無量無邊阿僧祇劫，故名阿彌陀。舍利弗！阿彌陀佛成佛已來，於今十劫。又，舍利弗！彼佛有無量無邊聲聞弟子，皆阿羅漢，非是算數之所能知，諸菩薩亦復如是。舍利弗！彼佛國土成就如是功德莊嚴。

「又，舍利弗！極樂國土眾生生者，皆是阿鞞跋致，其中多有一生補處，其數甚多，非是算數所能知之，但可以無量無邊阿僧祇劫說。舍利弗！眾生聞者，應當發願，願生彼國。所以者何？得與如是諸上善人俱會一處。舍利弗！不可以少善根福德因緣，得生彼國。

「舍利弗！若有善男子、善女人聞說阿彌陀佛，執持名號，若一日、若二日、若三日、若四日、若五日、若六日、若七日一心不亂，其人臨命終時，阿彌陀佛與諸聖眾，現在其前。是人終時，心不顛倒，即得往生阿彌陀佛極樂國土。舍利弗！我見是利，故說此言：若有眾生聞是說者，應當發願生彼國土。

「舍利弗！如我今者讚歎阿彌陀佛不可思議功德，東方亦有阿閦鞞佛、須彌相佛、大須彌佛、須彌光佛、妙音佛，如是等恒河沙數諸佛，各於其國出廣長舌相，遍覆三千大千世界，說誠實言：『汝等眾生，當信是稱讚不可思議功德、一切諸佛所護念經。』

「舍利弗！南方世界有日月燈佛、名聞光佛、大焰肩佛、須彌燈佛、無量精進佛，如是等恒河沙數諸佛，各於其國出廣長舌相，遍覆三千大千世界，說誠實言：『汝等眾生，當信是稱讚不可思議功德、一切諸佛所護念經。』

「舍利弗！西方世界有無量壽佛、無量相佛、無量幢佛、大光佛、大明佛、寶相佛、淨光佛，如是等恒河沙數諸

佛，各於其國出廣長舌相，遍覆三千大千世界，說誠實言：『汝等眾生，當信是稱讚不可思議功德、一切諸佛所護念經。』

「舍利弗！北方世界有焰肩佛、最勝音佛、難沮佛、日生佛、網明佛，如是等恒河沙數諸佛，各於其國出廣長舌相，遍覆三千大千世界，說誠實言：『汝等眾生，當信是稱讚不可思議功德、一切諸佛所護念經。』

「舍利弗！下方世界有師子佛、名聞佛、名光佛、達摩佛、法幢佛、持法佛，如是等恒河沙數諸佛，各於其國出廣長舌相，遍覆三千大千世界，說誠實言：『汝等眾生，當信是稱讚不可思議功德、一切諸佛所護念經。』

「舍利弗！上方世界有梵音佛、宿王佛、香上佛、香光佛、大焰肩佛、雜色寶華嚴身佛、娑羅樹王佛、寶華德佛、見一切義佛、如須彌山佛，如是等恒河沙數諸佛，各於其國出廣長舌相，遍覆三千大千世界，說誠實言：『汝等眾生，當信是稱讚不可思議功德、一切諸佛所護念經。』

「舍利弗！於汝意云何，何故名爲一切諸佛所護念經？舍利弗！若有善男子、善女人聞是經受持者，及聞諸佛名者，是諸善男子、善女人皆爲一切諸佛共所護念，皆得不退轉於阿耨多羅三藐三菩提。是故，舍利弗！汝等皆當信受我語，及諸佛所說。

「舍利弗！若有人已發願，今發願、當發願，欲生阿彌

陀佛國者，是諸人等皆得不退轉於阿耨多羅三藐三菩提，於彼國土若已生、若今生、若當生。是故，舍利弗！諸善男子、善女人若有信者，應當發願生彼國土。

「舍利弗！如我今者稱讚諸佛不可思議功德，彼諸佛等亦稱說我不可思議功德，而作是言：『釋迦牟尼佛能為甚難希有之事，能於娑婆國土、五濁惡世：劫濁、見濁、煩惱濁、眾生濁、命濁中，得阿耨多羅三藐三菩提，為諸眾生說是一切世間難信之法。』舍利弗！當知我於五濁惡世行此難事，得阿耨多羅三藐三菩提，為一切世間說此難信之法，是為甚難。」

佛說此經已，舍利弗及諸比丘，一切世間天、人、阿修羅等，聞佛所說，歡喜信受，作禮而去。

《佛說阿彌陀經》譯文

我如是聽說過：有一次世尊住在舍衛國的祇樹給孤獨園中，與眾多比丘共一千二百五十位比丘在一起。

他們都是眾望所識的大阿羅漢，如長老舍利弗、摩訶目犍連、摩訶迦葉、摩訶迦栴延、摩訶拘絺羅、離婆多、周梨槃陀迦、難陀、阿難陀、羅睺羅、憍梵波提、賓頭盧頗羅墮、迦留陀夷、摩訶劫賓那、薄俱羅、阿㝹樓馱。

另外還有多位其他偉大的弟子，如是等大諸弟子在一起，聖潔的菩薩如：文殊師利法王子，阿逸多菩薩，乾陀訶提菩薩，常精進菩薩，他與上述諸位及多位聖潔的菩薩在一

起，還有帝釋及大梵天王等無量諸天大眾。

　　那時世尊向長老舍利弗說道：「你從此處向西方經十萬億佛土後，有一佛國世界名為極樂淨土，那兒有位名為阿彌陀佛的如來，現在為有情宣說甚深微妙的法門。

　　「那麼，舍利弗！你以為如何？那個世界為什麼名為『極樂淨土』呢？在極樂淨土世界，所有眾生沒有一切身心的痛苦，只有無法計數的清淨喜樂，因此那個世界才名為『極樂世界』。

　　「再者，舍利弗！極樂世界淨佛土中，處處都有七重行列妙寶欄楯、七重妙寶羅網、七重行列寶多羅樹、及鈴串裝飾。周圍皆有金、銀、綠寶石、水晶等四寶，莊嚴優雅、燦爛奪目。所以那個佛國名為極樂世界。」

　　「再者，舍利弗啊！極樂世界中有七種妙寶裝飾的池，池中充滿了具足八功德的水，池底散佈金沙，池周遭四側有以金、銀、琉璃、玻璃等四寶裝飾的四階道，美麗優雅、燦爛奪目。池上有樓閣，也是以金、銀、琉璃、玻璃、硨磲、赤珠、瑪瑙莊嚴點綴。池中有蓮花生長，那些蓮花周徑大如車輪。藍色的蓮花，發出藍光；黃蓮花，發出黃光；紅蓮花，發出紅光；白蓮花，發出白光，各種蓮花具微妙香氣潔淨美麗。舍利弗！極樂世界就是能成就這些眾妙莊嚴綺飾功德。

　　「再者，舍利弗啊！極樂世界常有天上眾妙樂器演奏，

週遍大地是黃金合成，晝夜六時，常雨下種種上妙天華。

　　淨土的眾生，每天早晨，以花器盛滿著眾妙天華，供養他方世界的十萬億諸佛。即至用餐的時間，回到自己的國土吃飯經行。舍利弗！極樂世界有如是眾妙殊勝功德莊嚴。」

　　「再次，舍利弗啊！極樂世界中有各種奇妙可愛雜色的鳥。白鶴、孔雀，鸚鵡、鷺鷥、妙音鳥、共命鳥。這些鳥晝夜六時，共同前來各引其頸協力演唱，這些鳥的唱和發出宣揚五根、五力、及七菩提分、八聖道的樂音。當極樂世界的居民聽到此樂音，在心裏就憶念起佛、憶念起法、憶念起僧。」

　　「那麼，舍利弗啊！你不要以為這些鳥是罪惡的業報所出生的，極樂世界沒有地獄、畜生、惡鬼三惡道。舍利弗，極樂世界都沒有惡道的名稱了。不會有墮入畜生的形體、及進入餓鬼的領域（四惡趣）等情事。這些種種的鳥都是阿彌陀佛特意創造用以宣揚法音流轉變化所作的。

　　「再者，舍利弗啊！當風吹動彼佛國的寶樹林與鈴串羅網時，會發出甜美而令人喜悅的樂音。好像是百千種樂器同時發出樂音。當人們聽到此樂音時，心裏自然會映現出佛，映現出法，映現出僧。舍利弗！這是極樂世界特有的殊勝功德莊嚴裝飾。」

　　「那麼，舍利弗啊！你以為如何呢？那位如來為什麼名為阿彌陀佛？」

「舍利弗啊！那位如來與那處所的人們壽命無可限量，因此名為無量壽。」「舍利弗啊！阿彌陀佛或證得無上正等正覺以來，已經歷經十劫。」

「舍利弗啊！那位如來為何名為無量光呢？」「舍利弗啊！那位如來的光明，恆常無礙遍照一切十方佛土，因此那位如來名為無量光。」

「舍利弗啊！有無數無量無邊的聲聞弟子，他們都是阿羅漢，他們與那位如來在一起，其人數不是計算所能了知。諸菩薩大眾也是如此，舍利弗，極樂世界成就如是殊勝功德莊嚴裝飾。」

「再者，舍利弗啊！那些也出生於極樂世界的純淨菩薩，將永不退轉，而且那些菩薩皆在一生補處。那些菩薩數量無限，其數目不易計算。」

「其次，舍利弗啊！所有眾生皆應熱烈祈求發願生於彼佛國。」

「為什麼呢？」

「因為在彼處可與此等殊勝上善的人們在一起。」

「舍利弗啊！生於極樂世界的有情，或就無量無邊功德，不是少善根福德因緣的眾生，當得以往生極樂世界。」

「舍利弗！不會是這樣子！任何聽聞阿彌陀佛的名號的善男子或善女人，若聽到他的名號，一心不亂地受持於心一、二、三、四、五、六、或七天，當彼善男子或善女人臨

命終時，由一群弟子環繞並有諸菩薩隨侍的無量壽如來，將於他們壽命終了之時，站立於其等面前，他們將以寧靜不顛倒的心，往生於阿彌陀佛的極樂淨土。」

「因此，舍利弗啊！見到這種因果關係，我慎重敬畏地如是說：『若有淨信的眾生，得聞阿彌陀佛不可思議功德名號、極樂世界淨佛土者，都應全心信受祈求發願生於極樂世界。』」

「那麼，舍利弗啊！正如現在我於此讚頌稱揚阿彌陀佛無邊不可思議的功德，如是在東方亦有阿閦鞞佛、須彌相佛、大須彌佛、須彌光佛、妙音佛等，數目同恒河沙數的諸佛，各於自己的國土以其廣長遍覆三千大千世界，而宣說道：『你們應信受此稱讚不可思議功德，一切諸佛所護念經。』」

「因此，舍利弗！在南方也有由日月燈佛、名聞光佛、大燄肩佛、須彌燈佛、無量精進佛等，如是數目等同恒河沙數的諸佛，各於自己的國土以其廣長舌遍覆三千大千世界，而宣說道：『你們應信受此稱讚不可思議功德，一切諸佛所護念經。』」

「因此，舍利弗啊！在西方亦有無量壽佛、無量相佛、無量幢佛、大光佛、大明佛、寶相佛、淨光佛等，數目如同恒河沙數的諸佛，各於自己的國土以其廣長舌遍覆三千大千世界，而宣說道：『你們應信受此稱讚不可思議功德，一切

諸佛所護念經。』」

「因此，舍利弗！在北方世界，亦有燄肩佛、最勝音佛、難沮佛、日光佛、網明佛等，數目如同恒河沙數的諸佛，各於自己的國土以其廣長舌遍覆三千大千世界，而宣說道：『你們應信受此稱讚不可思議功德，一切諸佛所護念經。』」

「因此，舍利弗！在下方世界亦有由師子佛、名聞佛、名光佛、達摩佛、持法佛、法幢佛等，數目如同恒河沙數的諸佛，各於自己的國土以其廣長舌遍覆三千大千世界，而宣說道：『你們應信受此稱讚不可思議功德，一切諸佛所護念經。』」

「因此，舍利弗！在上方世界亦有梵音佛、香上佛、香光佛、大燄肩佛、雜色寶華嚴身佛、娑羅樹王佛、寶華德佛、見一切義佛、如須彌山佛等，如是數目如同恒河沙數的諸佛，各於自己的國土以其廣長舌遍覆三千大千世界，而宣說道：『你們應信受此稱讚不可思議功德，一切諸佛所護念經。』」

「那麼，舍利弗啊！你以為如何？何以此法門名為一切諸佛所護念經？舍利弗！所有聽聞此法門之名，且憶持彼神聖諸佛之名的善男子或善女人，將受一切諸佛所護念，皆護持得證無上正等正覺，永不退轉。」

「因此，舍利弗啊！你們應當相信、接受，而且不要懷

疑我及諸佛所說的。」

「舍利弗！任何將虔心祈求，或現今正虔心祈求，或先前已虔心祈求，發願生於阿彌陀佛淨土的善男子或善女人，一旦證得無上正等正覺，皆永不退轉。」

「他們將生於，或已生於，或現今正生於極樂世界。」因此，舍利弗啊！淨信的善男子與善女人，皆應虔心祈求發願生於彼佛國。」

「舍利弗！正如我現今於此稱揚、讚歎諸佛的不可思議殊勝功德，彼諸佛世尊也稱讚我自己的不可思議殊勝無邊功德。」

「而說道：『甚奇稀有！釋迦牟尼佛，已完成一件非常艱難的工作：他於此娑婆世界，及劫濁、眾生濁、見濁、命濁、煩惱濁等五濁惡世期間，證得無上正等正覺，並教說此全世界極難接受的法門。』」

「舍利弗啊！即令對我來說，於此娑婆世界，及眾生濁、見濁、煩惱濁、命濁、與劫濁等五濁惡世期間，證得無上正等正覺，並教說此全世界極難接受的法門，也是一件極端艱難的工作。」

佛陀如是說完此經之後，長老舍利子、諸比丘、一切世間及其天、人、阿修羅等，為佛陀所說而皆大歡喜信受眾行，作禮然後離去。

佛說阿彌陀佛

03《佛說觀無量壽經》導讀

　　《觀無量壽經》是佛陀於兩個地方二會說法，二會即是
王宮會和耆闍崛山會；二個地方是：於光台現佛國，於空中
出現三尊，而佛陀具體說明十三定善及三福九品的散善。

　　所謂「十三定善」即日想、水想、地想、寶樹、寶池、
寶樓、華座、像想、佛身、觀音、勢至、普觀、雜想。

　　「三福」是指世福、戒福、行福。「世福」是：孝養父
母，事奉師長慈心不殺，修十善業；「戒福」是：受持三
歸，具足眾戒，不犯威儀；「行福」是：發菩提心，深信因
果，讀誦大乘，勸進行者。此三者是三世諸佛淨業的正因。
「九品散善」是釋尊自己主動宣說，本意是在念佛。

　　《觀無量壽佛經》或名為《無量壽觀經》，或是《觀無
量壽經》。這是現觀依、正二報的經典，正報是無量壽佛，
依報是無量清淨的世界，名為安養或極樂世界。經中將極樂
世界清清楚楚描述出來，我們可以視其為極樂淨土的導遊。

　　宣說《觀無量壽經》，其實是無量壽佛及釋迦牟尼佛的
慈悲方便。因為就諸佛或是大菩薩而言，他們所看的極樂世
界是現觀的，就如同觀看掌中的菴摩羅果。但是我們以凡夫
眼是無法看到，所以就藉由趨近法，利用文字描述使我們便
於觀想，然後從觀想中慢慢趨入經典中的世界。這樣的方法

能導正我們、使我們不會錯認，同時透過觀想過程與三昧相應。

我們要體解，現見淨土有幾個因緣：一是正見，對佛法完全正確的見地，這是最根本的。見地若不正確，那麼所看到的也不能如實了。第二是與彌陀有緣，讓我們在修法中，迅速與彌陀相應。第三是禪定力，大多數的人是無法在散心中看到淨土，即使有也是偶然閃過。所以，具足以上三點，我們才具足現觀淨土的條件。

《觀無量壽經》所表達的是：希望我們能現觀無量壽佛的境界，現觀極樂世界，而在現觀中能不生起執著。因為極樂世界畢竟是諸佛願力所成就的，是清淨無染的，所以如果我們生起執著，則又陷入與佛法相違的境界，那麼所看到的就是虛假的。

釋迦牟尼佛宣說《觀無量壽經》的因緣是因阿闍世王而起。阿闍世的父親頻婆娑羅王，又叫影堅王，母親是韋提希夫人，他們兩人都是佛陀的大護法。他們並沒有因為自己的兒子阿闍世篡奪王位的件事，而對佛陀失去信心。影堅王深知自己王位被奪、自己被監禁、國家敗亡，都是由於自己業障深重的原故。

國王在幽閉於七重室的期間，韋提希夫人以酥蜜和麨塗在身上，在瓔珞中盛著葡萄漿給國王吃，讓國王能保持著一絲生存的體力，即使國王在這種情況下，仍然未曾改變對佛

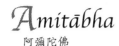

陀的信心，雙手合掌恭敬向耆闍崛山（靈鷲山）遙禮世尊。他說：「大目犍連是吾親友，願興慈悲，授我八戒（即八關齋戒）。」世尊亦遣尊者富樓那為影堅王說法。

如是時間經三七日後，王食麨蜜，得聞法故，顏色和悅。後來阿闍世問守門人影堅王狀況如何，結果守門人回答：「大王！國王夫人身塗麵蜜，瓔珞盛漿，持用上王。沙門目連及富樓那，從空而來，為王說法，不可禁制。」

阿闍世聽完守門人的話後，說：「我母是賊，與賊為伴。沙門惡人，幻惑咒術，令此惡王，多日不死。」然後執劍要殺母親。此時，大臣日月光以及名醫耆婆（佛陀背痛時，他曾為佛陀診斷，經典上稱他為耆婆童子）向阿闍世作禮，說：「劫初已來，有諸惡王，貪國位故，殺害其父一萬八千；但未曾聞有無道害母。」說完時，他們兩人以手按劍，卻行而退。

耆婆和日月光如果和阿闍世王對抗，阿闍世的王國就會崩潰了。於是，阿闍世才不殺害他母親，把情勢緩和下來。《觀無量壽經》就是佛陀在這因緣下為韋提希夫人所講的。

那時，韋提希說：「如來世尊在昔之時，恒遣阿難來慰問我。我今愁憂，世尊威重無由得見。願遣目連尊者、阿難，與我相見。」阿難是當時最受歡迎的演講家，尤其女眾與他特別有緣。佛陀後來機遣目犍連以及阿難，從空而來；佛從耆闍崛山沒，於王宮出。

這是直接空間位移，是神足通的一種形式。神足通有幾種形式，一種是從空中飛行，一種是從這邊消失從那邊出現。還有，以一變多、以多變一、長變短、短變長。這是空間神通，也有時間神通的，從過去到未來、現在到過去。

經中云：「時，韋提希禮已舉頭，見世尊釋迦牟尼佛身紫金色，坐百寶蓮華；目連侍左，阿難在右；釋梵護世諸天，在虛空中，普雨天華，持用供食。」

韋提希對佛陀的信心十分堅定，但是她對自己的惡緣並不是很清楚，所以問佛陀：「世尊！我宿何罪？生此惡子？世尊！復有何因緣，與提婆達多共為眷屬？唯願世尊為我廣說無憂惱處，我當往生；不樂閻浮提濁惡世也。」她表現出對娑婆世界充滿失望、不樂世間之情，因此決意要往生。

由此我們可知，往生淨土的因緣絕對是棄絕世土，不論是政治、經濟、社會、或是生活中的種種人際關係，這娑婆世界總是讓許多人感到遺憾，因為遺憾而想往生淨土，這是最根本的因緣。

此外，佛陀在《觀無量壽經》示現了很美好的境界。他眉間放光，遍照十方無量世界。還住佛頂，化為金臺，如須彌山，十方諸佛淨妙國土，皆於中現。他示現十方國土給韋提希夫人看。有些國土是七寶合成的，有些國土純是蓮花，有些宛如自在天宮，有些如頗梨鏡，但是韋提希和極樂世界有緣，所以對佛陀說：「世尊！是諸佛土雖復清淨，皆有光

明：我今樂生極樂世界阿彌陀佛所。唯願世尊教我思惟，教我正受！」「教我思惟」是指正確的思惟，「正受」就是正確的禪定。

韋提希已種下往生極樂世界的正因。由於阿彌陀佛發願要接引十方眾生往生淨土，所以韋提希夫人發願往生淨土就能與之相應。

然而從另一角度來看，如果阿彌陀佛發願只有登地菩薩才能到極樂世界，那麼恐怕韋提希夫人就無法去達淨土。而確實有些淨土是只有佛和菩薩的，如果極樂世界也是如此的話就不相應了。

當時由於佛陀知道韋提希已種下正因，便露出微笑，接著有五色光從佛陀口中出，一一光明照頻婆娑羅王頭頂。而大王因為佛陀加持的緣故，頓時心眼沒有障礙，清楚地遙見世尊，便頭面作禮，很自然地就證成阿那含果，阿那含果即是三果阿羅漢。這是說明其意念完全清淨，不再雜染，所以成就阿那含果。

此時，世尊告訴韋提希：「汝今知不？阿彌陀佛去此不遠，汝當繫念諦觀彼國淨業成者。」阿彌陀佛去此不遠，這句話不是從空間上來講。淨土的位置是從此西去十萬億佛土，西方不是指一個定點的西方，而是因緣上的西方。一個佛土是十億個太陽系，十萬億佛土乘以十億個太陽系怎麼會是去此不遠呢？我們要了解，阿彌陀佛清淨世界是由心之所

成的，所以去此不遠……

　　《觀無量壽經》引領我們走進阿彌陀佛的極樂淨土，我們以了知一切現空如幻的心，一心依止阿彌陀佛，發起如同阿彌陀佛的四十八大願，依據經中介紹的次第觀法，將其因緣條件都觀想清楚，練習純熟到能夠真實現身於極樂世界的境地，成就「十六觀」的觀法。進而成就整個宇宙法界就是極樂世界，一切諸佛都是阿彌陀佛，進入常寂光的境界。

04《佛說觀無量壽佛經》

宋西域三藏畺良耶舍譯

如是我聞：一時，佛在王舍城耆闍崛山中，與大比丘眾千二百五十人俱，菩薩三萬二千，文殊師利法王子而為上首。

爾時，王舍大城有一太子，名阿闍世，隨順調達惡友之教，收執父王頻婆娑羅，幽閉置於七重室內，制諸群臣，一不得往。國大夫人，名韋提希，恭敬大王，澡浴清淨，以酥蜜和麨用塗其身，諸瓔珞中盛葡萄漿，密以上王。

爾時，大王食麨飲漿，求水漱口，漱口畢已，合掌恭敬，向耆闍崛山遙禮世尊，而作是言：「大目乾連是吾親友，願興慈悲，授我八戒。」

時，目乾連如鷹隼飛，疾至王所，日日如是，授王八戒。世尊亦遣尊者富樓那，為王說法。如是時間經三七日，王食麨蜜，得聞法故，顏色和悅。

時，阿闍世問守門人：「父王今者猶存在耶？」時，守門者白言：「大王！國大夫人身塗麨蜜，瓔珞盛漿，持用上王。沙門目連及富樓那，從空而來，為王說法，不可禁制。」

時，阿闍世聞此語已，怒其母曰：「我母是賊，與賊為

伴。沙門惡人，幻惑咒術，令此惡王，多日不死。」即執利劍欲害其母。

　　時，有一臣，名曰月光，聰明多智；及與耆婆，爲王作禮，白言：「大王！臣聞毗陀論經說：劫初已來，有諸惡王，貪國位故，殺害其父，一萬八千；未曾聞有無道害母。王今爲此殺逆之事，污刹利種，臣不忍聞。是栴陀羅，我等不宜復住於此。」時，二大臣說此語竟，以手按劍，卻行而退。

　　時，阿闍世驚怖惶懼，告耆婆言：「汝不爲我耶？」耆婆白言：「大王！慎莫害母。」王聞此語，懺悔求救，即便捨劍，止不害母；敕語内官，閉置深宮，不令復出。

　　時，韋提希被幽閉已，愁憂憔悴，遙向耆闍崛山，爲佛作禮，而作是言：「如來世尊在昔之時，恒遣阿難來慰問我。我今愁憂，世尊威重無由得見，願遣目連尊者、阿難，與我相見。」

　　作是語已，悲泣雨淚，遙向佛禮。未舉頭頃；爾時，世尊在耆闍崛山，知韋提希心之所念，即敕大目犍連及以阿難，從空而來；佛從耆闍崛山沒，於王宮出。

　　時，韋提希禮已舉頭，見世尊釋迦牟尼佛身紫金色，坐百寶蓮華；目連侍左，阿難在右；釋、梵、護世諸天，在虛空中，普雨天華，持用供養。

　　時，韋提希見佛世尊，自絕瓔珞，舉身投地，號泣向佛

白言：「世尊！我宿何罪，生此惡子？世尊！復有何等因緣，與提婆達多共爲眷屬？唯願世尊爲我廣說無憂惱處，我當往生，不樂閻浮提濁惡世也。此濁惡處，地獄、餓鬼、畜生盈滿，多不善聚。願我未來不聞惡聲，不見惡人。今向世尊五體投地，求哀懺悔，唯願佛日教我觀於清淨業處。」

爾時，世尊放眉間光，其光金色，遍照十方無量世界；還住佛頂，化爲金臺，如須彌山，十方諸佛淨妙國土皆於中現。或有國土七寶合成，復有國土純是蓮花，復有國土如自在天宮，復有國土如頗梨鏡；十方國土皆於中現。有如是等無量諸佛國土，嚴顯可觀，令韋提希見。

時，韋提希白佛言：「世尊！是諸佛土雖復清淨，皆有光明，我今樂生極樂世界阿彌陀佛所。唯願世尊教我思惟，教我正受。」

爾時，世尊即便微笑，有五色光從佛口出，一一光照頻婆娑羅王頂。爾時，大王雖在幽閉，心眼無障，遙見世尊，頭面作禮，自然增進成阿那含。

爾時，世尊告韋提希：「汝今知不？阿彌陀佛去此不遠，汝當繫念諦觀彼國淨業成者。我今爲汝廣說眾譬，亦令未來世一切凡夫欲修淨業者，得生西方極樂國土。欲生彼國者，當修三福：一者、孝養父母，奉事師長，慈心不殺，修十善業；二者、受持三歸，具足眾戒，不犯威儀；三者、發菩提心，深信因果，讀誦大乘，勸進行者。如此三事，名爲

淨業。」

　　佛告韋提希：「汝今知不？此三種業，乃是過去、未來、現在三世諸佛淨業正因。」

　　佛告阿難及韋提希：「諦聽！諦聽！善思念之。如來今者為未來世一切眾生為煩惱賊之所害者，說清淨業。善哉！韋提希快問此事。阿難！汝當受持，廣為多眾宣說佛語。如來今者教韋提希及未來世一切眾生，觀於西方極樂世界；以佛力故，當得見彼清淨國土，如執明鏡，自見面像；見彼國土極妙樂事，心歡喜故，應時即得無生法忍。」

　　佛告韋提希：「汝是凡夫，心想羸劣，未得天眼，不能遠觀。諸佛如來有異方便，令汝得見。」

　　時，韋提希白佛言：「世尊！如我今者以佛力故見彼國土；若佛滅後，諸眾生等，濁惡不善，五苦所逼，云何當見阿彌陀佛極樂世界？」

　　佛告韋提希：「汝及眾生應當專心，繫念一處，想於西方。云何作想？凡作想者，一切眾生自非生盲，有目之徒，皆見日沒，當起想念。正坐西向，諦觀於日，令心堅住，專想不移；見日欲沒，狀如懸鼓；既見日已，閉目開目，皆令明了。是為日想，名曰初觀。作是觀者，名為正觀；若他觀者，名為邪觀。」

　　佛告阿難及韋提希：「初觀成已，次作水想。想見西方一切皆是大水，見水澄清，亦令明了，無分散意；既見水

已，當起冰想；見冰映徹，作琉璃想。此想成已，見琉璃地內外映徹，下有金剛七寶金幢，擎琉璃地。其幢八方八楞具足，一一方面百寶所成，一一寶珠有千光明，一光明八萬四千色，映琉璃地，如億千日，不可具見。琉璃地上，以黃金繩雜廁間錯，以七寶界分齊分明；一一寶中有五百色光，其光如花；又似星月懸處虛空，成光明臺。樓閣千萬，百寶合成，於臺兩邊，各有百億花幢、無量樂器，以爲莊嚴。八種清風，從光明出，鼓此樂器，演說苦、空、無常、無我之音。是爲水想，名第二觀。此想成時，一一觀之，極令了了，閉目開目，不令散失；唯除食時，恒憶此事。作此觀者，名爲正觀；若他觀者，名爲邪觀。」

佛告阿難及韋提希：「水想成已，名爲粗見極樂國地。若得三昧，見彼國地，了了分明，不可具說。是爲地想，名第三觀。」

佛告阿難：「汝持佛語，爲未來世一切大眾欲脫苦者，說是觀地法。若觀是地者，除八十億劫生死之罪，捨身他世，必生淨國，心得無疑。作是觀者，名爲正觀；若他觀者，名爲邪觀。」

佛告阿難及韋提希：「地想成已，次觀寶樹。觀寶樹者，一一觀之，作七重行樹想。一一樹高八千由旬，其諸寶樹七寶花葉，無不具足。一一華葉作異寶色；琉璃色中出金色光，頗梨色中出紅色光，馬腦色中出車渠光，車渠色中出

綠眞珠光；珊瑚、琥珀一切眾寶，以爲映飾。妙眞珠網彌覆
樹上，一一樹上有七重網，一一網間有五百億妙華宮殿，如
梵王宮，諸天童子自然在中。一一童子有五百億釋迦毗楞伽
摩尼寶以爲瓔珞，其摩尼光照百由旬，猶如和合百億日月，
不可具名。眾寶間錯，色中上者。此諸寶樹，行行相當，葉
葉相次；於眾葉間，生諸妙花，花上自然有七寶果。一一樹
葉，縱廣正等二十五由旬，其葉千色有百種畫，如天纓珞；
有眾妙華作閻浮檀金色，如旋火輪，宛轉葉間，踊生諸果，
如帝釋瓶。有大光明，化成幢幡無量寶蓋，是寶蓋中，映現
三千大千世界一切佛事，十方佛國亦於中現。見此樹已，亦
當次第一一觀之；觀見樹莖、枝、葉、華、果，皆令分明。
是爲樹想，名第四觀。作是觀者，名爲正觀；若他觀者，名
爲邪觀。」

　　佛告阿難及韋提希：「樹想成已，次當想水。欲想水
者，極樂國土有八池水，一一池水七寶所成；其寶柔軟，從
如意珠王生，分爲十四支，一一支作七寶色。黃金爲渠，渠
下皆以雜色金剛以爲底沙。一一水中，有六十億七寶蓮花，
一一蓮華，團圓正等十二由旬。其摩尼水，流注華間，尋樹
上下；其聲微妙，演說苦、空、無常、無我、諸波羅蜜，復
有讚歎諸佛相好者。從如意珠王踊出金色微妙光明，其光化
爲百寶色鳥，和鳴哀雅，常讚念佛、念法、念僧。是爲八功
德水想，名第五觀。作是觀者，名爲正觀；若他觀者，名爲

邪觀。」

　　佛告阿難及韋提希：「眾寶國土一一界上，有五百億寶樓，其樓閣中，有無量諸天作天伎樂；又有樂器懸處虛空，如天寶幢，不鼓自鳴；此眾音中，皆說念佛、念法、念比丘僧。此想成已，名為粗見極樂世界寶樹、寶地、寶池。是為總觀想，名第六觀。若見此者，除無量億劫極重惡業，命終之後，必生彼國。作是觀者，名為正觀；若他觀者，名為邪觀。」

　　佛告阿難及韋提希：「諦聽！諦聽！善思念之。吾當為汝分別解說除苦惱法，汝等憶持，廣為大眾分別解說。」

　　說是語時，無量壽佛住立空中，觀世音、大勢至是二大士侍立左右，光明熾盛不可具見，百千閻浮檀金色不得為比。

　　時，韋提希見無量壽佛已，接足作禮，白佛言：「世尊！我今因佛力故，得見無量壽佛及二菩薩；未來眾生，當云何觀無量壽佛及二菩薩？」

　　佛告韋提希：「欲觀彼佛者，當起想念。於七寶地上，作蓮花想，令其蓮花一一葉作百寶色，有八萬四千脈，猶如天畫；一一脈有八萬四千光，了了分明，皆令得見。華葉小者，縱廣二百五十由旬，如是蓮華有八萬四千大葉，一一葉間，有百億摩尼珠王以為映飾；一一摩尼珠放千光明，其光如蓋，七寶合成，遍覆地上。釋迦毗楞伽摩尼寶以為其臺，

此蓮花臺，八萬金剛甄叔迦寶、梵摩尼寶、妙眞珠網，以爲交飾；於其臺上自然而有四柱寶幢，一一寶幢如百千萬億須彌山，幢上寶縵如夜摩天宮。復有五百億微妙寶珠以爲映飾，一一　寶珠有八萬四千光，一一光作八萬四千異種金色，一一金色遍其寶土，處處變化，各作異相；或爲金剛臺，或作眞珠網，或作雜花雲；於十方面，隨意變現，施作佛事。是爲花座想，名第七觀。」

　　佛告阿難：「如此妙花，是本法藏比丘願力所成。若欲念彼佛者，當先作此妙花座想。作此想時，不得雜觀，皆應一一觀之；一一葉、一一珠、一一光、一一臺、一一幢皆令分明，如於鏡中，自見面像。此想成者，滅除五百億劫生死之罪，必定當生極樂世界。作是觀者，名爲正觀；若他觀者，名爲邪觀。」

　　佛告阿難及韋提希：「見此事已，次當想佛。所以者何？諸佛如來是法界身，遍入一切眾生心想中。是故汝等心想佛時，是心即是三十二相、八十隨形好，是心作佛，是心是佛。諸佛正遍知海從心想生，是故應當一心繫念，諦觀彼佛、多陀阿伽度、阿羅呵、三藐三佛陀。

　　「想彼佛者，先當想像，閉門、開目見一寶像，如閻浮檀金色，坐彼華上；像既坐已，心眼得開，了了分明，見極樂國七寶莊嚴，寶地、寶池、寶樹行列，諸天寶縵彌覆樹上，眾寶羅網滿虛空中。見如此事，極令明了，如觀掌中。

見此事已，復當更作一大蓮華，在佛左邊，如前蓮華，等無有異；復作一大蓮華在佛右邊。想一觀世音菩薩像坐左華座，亦放金光，如前無異；想一大勢至菩薩像坐右華座。此想成時，佛、菩薩像皆放妙光，其光金色，照諸寶樹，一一樹下，亦有三蓮華，諸蓮華上，各有一佛二菩薩像，遍滿彼國。此想成時，行者當聞水流光明及諸寶樹、鳧鴈、鴛鴦，皆說妙法，出定、入定恒聞妙法；行者所聞，出定之時憶持不捨，令與修多羅合；若不合者，名爲妄想，若與合者，名爲麁想見極樂世界。是爲想像，名第八觀。作是觀者，除無量億劫生死之罪，於現身中得念佛三昧。作是觀者，名爲正觀；若他觀者，名爲邪觀。」

佛告阿難及韋提希：「此想成已，次當更觀無量壽佛身相光明。阿難！當知無量壽佛身如百千萬億夜摩天閻浮檀金色，佛身高六十萬億那由他恒河沙由旬，眉間白毫右旋宛轉，如五須彌山，佛眼清淨，如四大海水清白分明，身諸毛孔演出光明，如須彌山。彼佛圓光，如百億三千大千世界，於圓光中，有百萬億那由他恒河沙化佛，一一化佛，亦有眾多無數化菩薩以爲侍者。無量壽佛有八萬四千相，一一相中，各有八萬四千隨形好，一一好中，復有八萬四千光明，一一光明遍照十方世界念佛眾生，攝取不捨。其光相好及與化佛，不可具說，但當憶想，令心明見。見此事者，即見十方一切諸佛；以見諸佛，故名念佛三昧。作是觀者，名觀一

切佛身；以觀佛身故，亦見佛心。諸佛心者大慈悲是，以無緣慈攝諸眾生。作此觀者，捨身他世，生諸佛前，得無生忍。是故，智者應當繫心，諦觀無量壽佛。觀無量壽佛者，從一相好入，但觀眉間白毫，極令明了；見眉間白毫相者，八萬四千相好自然當見；見無量壽佛者，即見十方無量諸佛；得見無量諸佛故，諸佛現前受記。是為遍觀一切色想，名第九觀。作是觀者，名為正觀；若他觀者，名為邪觀。」

佛告阿難及韋提希：「見無量壽佛了了分明已，次亦應觀觀世音菩薩。此菩薩身長八十億那由他恒河沙由旬，身紫金色，頂有肉髻，項有圓光，面各百千由旬。其圓光中有五百化佛，如釋迦牟尼，一一化佛有五百菩薩、無量諸天以為侍者。舉身光中，五道眾生一切色相，皆於中現。頂上毗楞伽摩尼妙寶以為天冠，其天冠中有一立化佛，高二十五由旬。觀世音菩薩面如閻浮檀金色，眉間毫相備七寶色，流出八萬四千種光明，一一光明，有無量無數百千化佛，一一化佛，無數化菩薩以為侍者，變現自在滿十方界。臂如紅蓮花色，有八十億微妙光明以為瓔珞，其瓔珞中普現一切諸莊嚴事。手掌作五百億雜蓮華色，手十指端，一一指端有八萬四千畫，猶如印文；一一畫有八萬四千色，一一色有八萬四千光，其光柔軟普照一切，以此寶手接引眾生。舉足時，足下有千輻輪相，自然化成五百億光明臺；下足時，有金剛摩尼花，布散一切，莫不彌滿。其餘身相，眾好具足，如佛無

異，唯頂上肉髻及無見頂相，不及世尊。是為觀觀世音菩薩真實色身想，名第十觀。」

佛告阿難：「若欲觀觀世音菩薩，當作是觀。作是觀者，不遇諸禍，淨除業障，除無數劫生死之罪。如此菩薩，但聞其名，獲無量福，何況諦觀！若有欲觀觀世音菩薩者，當先觀頂上肉髻，次觀天冠，其餘眾相亦次第觀之，悉令明了，如觀掌中。作是觀者，名為正觀；若他觀者，名為邪觀。」

佛告阿難及韋提希：「次觀大勢至菩薩。此菩薩身量大小亦如觀世音，圓光面各二百二十五由旬，照二百五十由旬。舉身光明照十方國，作紫金色，有緣眾生皆悉得見。但見此菩薩一毛孔光，即見十方無量諸佛淨妙光明，是故號比菩薩名無邊光；以智慧光普照一切，令離三塗得無上力，是故號此菩薩名大勢至。此菩薩天冠有五百寶蓮華，一一寶華有五百寶臺，一一臺中，十方諸佛淨妙國土廣長之相，皆於中現。頂上肉髻如缽頭摩花，於肉髻上有一寶瓶，盛諸光明，普現佛事；餘諸身相如觀世音，等無有異。此菩薩行時，十方世界一切震動，當地動處各有五百億寶花，一一寶花莊嚴高顯，如極樂世界。此菩薩坐時，七寶國土一時動搖，從下方金光佛剎乃至上方光明王佛剎，於其中間無量塵數分身無量壽佛，分身觀世音、大勢至，皆悉雲集極樂國土，側塞空中，坐蓮華座，演說妙法、度苦眾生。作此觀

者，名爲觀見大勢至菩薩，是爲觀大勢至色身相。觀此菩薩者，名第十一願，除無數劫阿僧祇生死之罪。作是觀者，不處胞胎，常遊諸佛淨妙國土。此觀成已，名爲具足觀觀世音及大勢至。作是觀者，名爲正觀；若他觀者，名爲邪觀。」

佛告阿難及韋提希：「見此事時，當起想作，心自見生於西方極樂世界，於蓮華中結跏趺坐，作蓮華合想，作蓮華開想。蓮華開時，有五百色光來照身想，眼目開想，見佛、菩薩滿虛空中，水鳥、樹林及與諸佛所出音聲，皆演妙法，與十二部經合；若出定時，憶持不失。見此事已，名見無量壽佛極樂世界。是爲普觀想，名第十二觀。無量壽佛化身無數，與觀世音及大勢至常來至此行人之所。作是觀者，名爲正觀；若他觀者，名爲邪觀。」

佛告阿難及韋提希：「若欲至心生西方者，先當觀於一丈六像在池水上，如先所說。無量壽佛身量無邊，非是凡夫心力所及；然彼如來宿願力故，有憶想者，必得成就。但想佛像，得無量福，況復觀佛具足身相！阿彌陀佛神通如意，於十方國變現自在；或現大身，滿虛空中；或現小身，丈六八尺；所現之形，皆眞金色。圓光化佛及寶蓮花，如上所說。觀世音菩薩及大勢至，於一切處身同眾生，但觀首相，知是觀世音，知是大勢至。此二菩薩助阿彌陀佛，普化一切。是爲雜想觀，名第十三觀。作是觀者，名爲正觀；若他觀者，名爲邪觀。」

佛告阿難及韋提希：「凡生西方有九品人。上品上生者，若有眾生願生彼國者，發三種心，即便往生。何等為三？一者、至誠心，二者、深心，三者、迴向發願心；具三心者，必生彼國。復有三種眾生，當得往生。何等為三？一者、慈心不殺，具諸戒行；二者、讀誦大乘方等經典；三者、修行六念，迴向發願生彼佛國。具此功德，一日乃至七日，即得往生。」

「生彼國時，此人精進勇猛故，阿彌陀如來與觀世音及大勢至，無數化佛、百千比丘、聲聞大眾、無量諸天、七寶宮殿，觀世音菩薩執金剛臺，與大勢至菩薩至行者前。阿彌陀佛放大光明，照行者身，與諸菩薩授手迎接。觀世音、大勢至與無數菩薩，讚歎行者，勸進其心。行者見已，歡喜踊躍，自見其身乘金剛臺，隨從佛後，如彈指頃，往生彼國。

「生彼國已，見佛色身眾相具足，見諸菩薩色相具足；光明寶林，演說妙法，聞已即悟無生法忍。經須臾間，歷事諸佛，遍十方界，於諸佛前，次第受記，還至本國，得無量百千陀羅尼門。是名上品上生者。

「上品中生者，不必授持讀誦方等經典，善解義趣，於第一義，心不驚動；深信因果，不謗大乘。以此功德，迴向願求生極樂國。行此行者，命欲終時，阿彌陀佛與觀世音及大勢至，無量大眾眷屬圍繞，持紫金臺至行者前，讚言：『法子！汝行大乘，解第一義，是故我今來迎接汝。』與千

化佛，一時授手。行者自見坐紫金臺，合掌叉手，讚歎諸佛，如一念頃，即生彼國七寶池中。此紫金臺，如大寶花，經宿即開。行者身作紫磨金色，足下亦有七寶蓮華。佛及菩薩俱放光明，照行者身，目即開明。因前宿習，普聞眾聲，純說甚深第一義諦；即下金臺，禮佛合掌，讚歎世尊。經於七日，應時即於阿耨多羅三藐三菩提得不退轉；應時即能飛至十方，歷事諸佛，於諸佛所，修諸三昧。經一小劫，得無生法忍，現前受記。是名上品中生者。

「上品下生者，亦信因果，不謗大乘，但發無上道心。以此功德，迴向願求生極樂國。彼行者命欲終時，阿彌陀佛及觀世音并大勢至，與諸眷屬持金蓮華，化作五百化佛，來迎此人。五百化佛一時授手，讚言：『法子！汝今清淨，發無上道心，我來迎汝。』見此事時，即自見身坐金蓮花，坐已華合，隨世尊後，即得往生七寶池中。一日一夜，蓮花乃開；七日之中，乃得見佛。雖見佛身，於眾相好，心不明了；於三七日後，乃了了見。聞眾音聲，皆演妙法；遊歷十方，供養諸佛，於諸佛前，聞甚深法。經三小劫，得百法明門，住歡喜地。是名上品下生者。

「是名上輩生想，名第十四觀。作是觀者，名為正觀；若他觀者，名為邪觀。」

佛告阿難及韋提希：「中品上生者，若有眾生受持五戒，持八戒齋，修行諸戒，不造五逆，無眾過惡。以此善

根，迴向願求生於西方極樂世界。行者臨命終時，阿彌陀佛與諸比丘眷屬圍繞，放金色光，至其人所演說苦、空、無常、無我，讚歎出家得離眾苦。行者見已，心大歡喜，自見己身坐蓮花臺，長跪合掌為佛作禮；未舉頭頃，即得往生極樂世界，蓮花尋開。當華敷時，聞眾音聲，讚歎四諦，應時即得阿羅漢道，三明六通，具八解脫。是名中品上生者。

「中品中生者，若有眾生，若一日一夜持八戒齋，若一日一夜持沙彌戒，若一日一夜持具足戒，威儀無缺。以此功德，迴向願求生極樂國。戒香薰修如此行者，命欲終時，見阿彌陀佛與諸眷屬，放金色光，持七寶蓮花至行者前。行者自聞空中有聲，讚言：『善男子！如汝善人，隨順三世諸佛教故，我來迎汝。』行者自見坐蓮花上，蓮花即合，生於西方極樂世界，在寶池中。經於七日，蓮花乃敷。花既敷已，開目合掌，讚歎世尊；聞法歡喜，得須陀洹，經半劫已，成阿羅漢。是名中品中生者。

「中品下生者，若有善男子、善女人，孝養父母，行世仁義。此人命欲終時，遇善知識，為其廣說阿彌陀佛國土樂事，亦說法藏比丘四十八大願。聞此事已，尋即命終，譬如壯士屈伸臂頃，即生西方極樂世界。生經七日，遇觀世音及大勢至，聞法歡喜，得須陀洹，過一小劫，成阿羅漢。是名中品下生者。

「是名中輩生想，名第十五觀。作是觀者，名為正觀；

若他觀者，名爲邪觀。」

　　佛告阿難及韋提希：「下品上生者，或有眾生，作眾惡業，雖不誹謗方等經典；如此愚人，多造惡法，無有慚愧。命欲終時，遇善知識，爲讚大乘十二部經首題名字；以聞如是諸經名故，除卻千劫極重惡業。智者復教合掌叉手，稱南無阿彌陀佛。稱佛名故，除五十億劫生死之罪。爾時，彼佛即遣化佛、化觀世音、化大勢至至行者前，讚言：『善哉！善男子！汝稱佛名故，諸罪消滅，我來迎汝。』作是語已，行者即見化佛光明遍滿其室。見已歡喜，即便命終，乘寶蓮花，隨化佛後，生寶池中。經七七日，蓮花乃敷。當花敷時，大悲觀世音菩薩及大勢至菩薩，放大光明，住其人前，爲說甚深十二部經。聞已信解，發無上道心，經十小劫，具百法明門，得入初地。是名下品上生者，得聞佛名、法名及聞僧名。聞三寶名，即得往生。」

　　佛告阿難及韋提希：「下品中生者，或有眾生，毀犯五戒、八戒及具足戒；如此愚人，偷僧祇物，盜現前僧物，不淨說法，無有慚愧，以諸惡法，而自莊嚴。如此罪人，以惡業故，應墮地獄。命欲終時，地獄眾火，一時俱至。遇善知識，以大慈悲，即爲讚說阿彌陀佛十力威德，廣讚彼佛光明神力，亦讚戒、定、慧、解脫、解脫知見。此人聞已，除八十億劫生死之罪，地獄猛火化爲涼風，吹諸天華，華上皆有化佛菩薩，迎接此人，如一念頃，即得往生七寶池中蓮花之

233

內。經於六劫，蓮花乃敷。當華敷時，觀世音、大勢至以梵音聲安慰彼人，爲說大乘甚深經典；聞此法已，應時即發無上道心。是名下品中生者。」

佛告阿難及韋提希：「下品下生者，或有眾生，作不善業，五逆十惡，具諸不善；如此愚人，以惡業故，應墮惡道，經歷多劫，受苦無窮。如此愚人，臨命終時，遇善知識，種種安慰，爲說妙法，教令念佛。彼人苦逼，不遑念佛。善友告言：『汝若不能念彼佛者，應稱歸命無量壽佛。』如是至心令聲不絕，具足十念，稱南無阿彌陀佛。稱佛名故，於念念中，除八十億劫生死之罪。命終之時，見金蓮花猶如日輪，住其人前，如一念頃，即得往生極樂世界。於蓮花中，滿十二大劫，蓮花方開。當花敷時，觀世音、大勢至以大悲音聲，即爲其人廣說實相，除滅罪法；聞已歡喜，應時即發菩提之心。是名下品下生者。

「是名下輩生想，名第十六觀。」

爾時，世尊說是語時，韋提希與五百侍女聞佛所說，應時即見極樂世界廣長之相，得見佛身及二菩薩；心生歡喜，歎未曾有，豁然大悟，得無生忍。五百侍女發阿耨多羅三藐三菩提心，願生彼國；世尊悉記，皆當往生，生彼國已，獲得諸佛現前三昧。無量諸天，發無上道心。

爾時，阿難即從座起，前白佛言：「世尊！當何名此經？此法之要，當云何受持？」

佛告阿難：「此經名：觀極樂國土、無量壽佛、觀世音菩薩、大勢至菩薩，亦名：淨除業障生諸佛前。汝等受持，無令忘失！行此三昧者，現身得見無量壽佛及二大士。若善男子及善女人，但聞佛名、二菩薩名，除無量劫生死之罪，何況憶念！若念佛者，當知此人即是人中芬陀利花，觀世音菩薩、大勢至菩薩爲其勝友，當坐道場，生諸佛家。」

佛告阿難：「汝好持是語，持是語者，即是持無量壽佛名。」

佛說此語時，尊者目連、尊者阿難及韋提希等，聞佛所說，皆大歡喜。

爾時，世尊足步虛空，還耆闍崛山。爾時，阿難廣爲大眾說如上事，無量人、天、龍、神、夜叉，聞佛所說，皆大歡喜，禮佛而退。

佛說觀無量壽佛經

守護佛菩薩　2
阿彌陀佛

編　　著　全佛編輯部

插　　畫　明　星

執行編輯　吳霈媜

美術設計　Mindy 大幻設計

發 行 人　黃紫婕

出 版 者　全佛文化事業有限公司

地址：台北市松江路 69 巷 10 號 5 樓

永久信箱：台北郵政 26-341 號信箱

電話：(02)2508-1731　傳眞：(02)2508-1733

郵政劃撥：19203747 全佛文化事業有限公司

E-mail：buddhall@ms7.hinet.net

http://www.buddhall.com

行銷代理　紅螞蟻圖書有限公司

地址：台北市內湖區舊宗路 2 段 121 巷 28 之 32 號 4 樓（富頂科技大樓）

電話：(02) 2795-3656　傳眞：(02) 2795-4100

初　　版　2001 年 2 月

初版三刷　2011 年 1 月

定價新臺幣 240 元

國家圖書館出版品預行編目資料

阿彌陀佛 / 全佛編輯部編著. --初版.——
　臺北市：全佛文化，2001[民 90]
　　面；　　　公分. -- (守護佛菩薩系列；2)

ISBN 978-957-8254-97-8(平裝)

　1. 菩薩　　2.淨土宗—修持

229.2　　　　　　　　　　　　90001574